超人讲座

尼采超人讲座

超越自己·遇见自己

〔韩〕朴赞国/著
王　宁/译

二十一世纪出版社集团
21st Century Publishing Group
全国百佳出版社

图书在版编目（CIP）数据

尼采超人讲座：超越自己·遇见自己 /（韩）朴赞国著；王宁译. -- 南昌：二十一世纪出版社集团，2017.2
ISBN 978-7-5568-2494-6

Ⅰ. ①尼… Ⅱ. ①朴… ②王… Ⅲ. ①尼采
(Nietzsche, Friedrich Wilhelm 1844-1900) - 人生哲学 - 研究 Ⅳ. ① B516.47

中国版本图书馆 CIP 数据核字 (2017) 第 044042 号

尼采超人讲座:超越自己·遇见自己 〔韩〕朴赞国/著 王宁/译

策　　划 张秋林
责任编辑 敖登格日乐
出版发行 二十一世纪出版社集团（江西省南昌市子安路 75 号 330025）
www.21cccc.com cc21@163.net
出 版 人 张秋林
经　　销 全国各地书店
印　　刷 廊坊市文峰档案印务有限公司
版　　次 2017 年 9 月第 1 版 2017 年 9 月第 1 次印刷
开　　本 880mm × 1230mm 1/32
印　　张 8.25
字　　数 100 千字
书　　号 ISBN 978-7-5568-2494-6
定　　价 36.00 元

赣版权登字—04—2017—18

目 录

前言

超越自己，
遇见自己

抗癌多时的张英姬女士未逾花甲便仙逝了。拜读她的散文集《我生命中的唯一》，我看到了一段关于海明威的小说《老人与海》的文字。《老人与海》我只在小学时期读过，隐约记得那是个有关老人和鱼的故事。看了张英姬女士的文章，我才发现，原来这本小说中蕴含着尼采哲学的精髓。

《老人与海》讲述了一个老人孤身一人在苍茫的大海上，与一条大鱼殊死搏斗的故事。对于这场搏斗，张英姬女士是这样描述的：

> 在苍茫的大海上，这场发生在人和鱼之间的悲壮战斗没有胜负之分，重要的是谁能凭借崇高的勇气和耐力坚持到最后，至死不屈。老人用鱼叉插中大鱼，然后紧握绳索，直至大鱼浮上水面。大鱼则为了挣脱鱼叉而拼死挣扎，在这场激烈的对决中，大鱼和老人都堵上了性命，这是一场荣誉之战。

正因为如此，老人对于他的敌手，也就是那条大鱼，产生了一种同僚之情，他呐喊道：

啊，我的兄弟，我此生从未见过比你更美丽、沉着、高贵的鱼。来吧，你可以杀死我，不管谁将谁杀死，如今我已经不在意了。

老人和大鱼整整搏斗了三天，当大鱼终于气绝浮上水面的时候，老人所感受到的痛惜却远胜于胜利的喜悦。当鲨鱼群涌上来撕咬大鱼时，老人如同自己的肉被咬掉般痛苦。

张英姬女士认为，这部小说当中最经典的语句就是老人在和大鱼搏斗的过程中反复说过的那句话，“人可以被毁灭，却不能被打败。”

为什么我会从这部小说中想到尼采呢？

因为我觉得，在尼采看来，人类与命运之间、人与人之间最恰当的关系，可以用“爱的斗争”这句话来形容。人类通过与自己的命运及与他人的斗争，来使自己变得更强大。

命运不由我们决定，人生中有诸多不期而至。很多事情我们都无法选择，比如有怎样的父母，天生怎样的容貌和智商，患上什么样的病症，以及遇到什么样的人等等。

人生就是与这些命运的抗争。在抗争的过程中，我们会遭受挫折，会慨叹自己的命运与别人相比太过残酷，并因此而抱怨苍天不公。

但是尼采却发出这样的呐喊："要活在险境当中！将你的城市建立在维苏威火山的山坡之上！"也就是说，我们不应该期待命运温和安逸，而应该希望它像维苏威火山般残酷艰险。

只有与这样的命运相抗争，我们才会变得更加强大。也只有这样，我们才会发现残酷的命运有其美丽之处，从而热爱它。我们会像《老人与海》中的老人一样，对命运发出这样的呐喊。

啊，我的兄弟，我此生从未见过比你更美丽、强韧、高贵的对手。来吧，你可以杀死我，不管谁将谁杀死，如今我已经不在意了。

从这个意义上来说，人与命运之间最恰当的关系应当就像老人与大鱼一样，是一种“爱的斗争”关系。尼采希望人与人之间的关系也能如此，也就是说，人们通过相互斗争，促进彼此强大，并尊重和敬爱对方。

尼采积极接受了赫拉克利特的“战争乃万物之父”的思想。而这里尼采所指的“战争”，却是能使对方强大的爱的斗争。

当今时代，人们都希望尽可能将命运的负担减至最少。连大自然都在科学技术的作用下驯服于人类，从近代的社会发展趋势来看，贫困和不平等的程度也在逐渐缩减，人们的安逸生活得到越来越多的保障。现代人也认为只有不存在争端、相互体谅、彼此帮助的和谐社会才是最理想的。

对于近代社会的这种倾向，尼采做出了最彻底的抵抗。他认为人类真正渴望的不是享乐安逸、益寿延年，而是自身变得更加强大的感觉。可是要想体会到这种感觉，就必须面对残酷的命运。不可否认，多数人都会被这样的命运所挫败。

尼采认为，通过与残酷命运的对决，少数人会变得更加强大，变成更美的存在。尼采一生被头痛、胃痛等各种疾病所困扰，他的人生道路也堪称坎坷，但是他却说，这些疾病让他变得更加深刻和强大。

尽管近代社会倾向于为人们提供安逸的生活，但如今依然有很多人认为自己的人生太坎坷。他们纷纷抱怨命运不公，为什么偏偏是我得了这种病？为什么我没有出众的头脑和容貌？在如今这样一个物质财富丰足的世界，对于人们来说，人生依然充满艰险，很多人甚至放弃跟命运抗争，选择自杀来逃避。

在这种情况下，尼采发出呐喊，“不要期待你的命运平坦顺利，而应该盼望它残酷艰险。”在和命运的抗争中，即使壮烈地死去，也不可以投降认输。

众所周知，尼采是个很具多面性的思想家。

无论是无政府主义等极左思想，还是纳粹主义、法西斯主义这样的极右思想，很多思想流派都将尼采归到了自己的阵营当中。而为他们提供这样做的根据的，正是尼采本人。

但是，我认为有种核心思想贯穿了尼采思想发展历程的始终。这就是希腊和罗马的强力意志，面对艰险的命运，不但不屈服，还要肯定它，并且热爱它。

这种强力意志不会逃避痛苦，反而会主动去寻找痛苦，通过与其斗争而强化自己。除此之外，强力意志还会去寻找可以跟自己匹敌、甚至比自己更优越的对手，通过跟他们斗争，让自己和对方都变得更强大。

不管对方是命运还是他人，这种意志都会对其给予充分的尊重和敬爱，哪怕是被其毁灭。尼采称这种强力意志为“强力厌世主义”。这种强力意志指的是一种挑战精神，以健康的生命力，主动寻找人生中的残酷和恐惧，将那些让我们畏惧的对象作为敌手来测试自己的力量。海明威的《老人与海》中的老人正是这种“强力厌世主义”的具象化人物。

张英姬女士告诉我们，《老人与海》中还有一点不容忽略。那就是鲨鱼意识，即躲避艰险的斗争，只抢夺他人的战利品，坐享其成。老人历尽千辛万苦捕到的大鱼，却被鲨鱼轻而易举的吃光了。

张英姬女士称鲨鱼的这种行径为“卑鄙无耻的机会主义意识”，对于这种贪图安逸的做法，尼采称之为“末人意识”。为了让自己的意志和生命力更强大，至少应该跟与自己对等或者更强的对手去斗争，而这些人却躲避选择艰险的命运，为了利益和安乐，不惜动用一切卑鄙手段去剥夺弱者，对于这样的人，尼采极为蔑视。

在这本书中，我一直在思考，对于我们在自认为艰难的生活中所提出的一些问题，尼采会作何答复呢？

很多人将尼采所崇尚的意志解释为耶稣和菩萨所传扬的爱和慈悲精神。匈牙利哲学家卢卡奇等马克思主义者则认为，尼采主张的是将对弱者的奴役和征服合理化的帝国主义精神。

我却认为尼采所主张的既不是耶稣和菩萨式的爱与慈悲，也不是帝国主义精神，而是一种被一味宣扬关爱和同情弱者的现代人所忘却的强力意志，一种为了强化自己而主动选择痛苦和艰险命运的霸气和魄力。

这才是尼采所崇尚的超人意志。尼采曾经说过，“所谓超人，是不光能承受苦难，更热爱苦难的人。他会敦促苦难，让它随时卷土重来。”

我将在这本书中充分展现尼采的这种意志，并说明这种意志对于今天的我们来说有着怎样的意义。当今社会，处处都在上演激烈的竞争，我们该怎样在这样的时代生存下去，又该如何改变社会，希望思索这些问题的人们通过与尼采的对话，能找到些许答案和对策。

2014 年 10 月

朴赞国

第一个问题

“我的人生为何如此艰辛？”

鄙视追求安逸生活的人

世界充满浮躁，

因为所有现代人都在逃离自我。

人生是摇摆于欲望和倦怠之间的钟摆

某些哲学家认为生活本身就是痛苦，亚瑟·叔本华就是其中的代表人物。其实，在哲学出现之前就已经存在的大部分宗教也把我们的人生看作苦痛。这一点，从基督教把今世比作泪谷，佛教称人世为苦海就可见一斑。

其实完全不用放大到哲学和宗教范畴，几乎每个人都一度觉得人生道路遍布荆棘。我也有很强的厌世倾向，哪怕碰到一点儿困难就会感叹人生充满苦痛。

前面提到，叔本华对于活着为何如此痛苦进行了深入彻底的研究。他用一句话论述了人生的本质。

人生如同摇摆于欲望和倦怠之间的钟摆。

人是一种拥有无限欲望的存在。对美食的欲望，想拥有美貌异性的欲望，读好的大学、找好工作的欲望，希望子女取得好成绩的欲望，等等。欲望由始至终支配着我们的人生，我们为了满足欲望而努力。

如果欲望得不到满足，我们就会觉得痛苦，但是即使欲望得以实现，满足感和幸福感也不会持续很久。在没有欲望的前提下，满足感和幸福感自身是无法独立存在的。换言之，满足感和幸福感来自于欲望被实现的过程，所以在欲望得以实现的瞬间，它们就开始消失了。

例如，我们很想吃炸酱面，当终于吃到的时候，我们会觉得幸福。但是这种幸福感仅仅存在于这个欲望得以满足的过程中，伴随着饱腹感的出现，幸福感开始消失，厌倦随之而来。

这种厌倦会持续很久，直至刺激我们欲望的新的事物出现，只有新的欲望才能消除这种厌倦感。然后，我们会再次由于欲望得不到满足而痛苦。

通过孩子玩玩具的情景便很容易理解叔本华的观点。看到诱人的玩具，孩子会产生拥有玩具的欲望，于是便央求父母买，有时候还会因此受到责备。

可是，即使是又哭又闹好不容易才拿到手的玩具，对于孩子来说，因此而产生的幸福感也只不过是一瞬之间的事情。不管多昂贵、多好玩的玩具，过不了一个月，他们就会玩腻了。

玫瑰色的幸福感消失，孩子被灰色的厌倦所笼罩。

于是他们开始跟父母耍脾气，觉得无聊，缠着父母陪他们玩。看到电视里比自己的玩具更好玩的新玩具，便又会产生占有欲望。看到孩子们的这个样子，就无法不对叔本华的“人生如同摇摆于欲望和倦怠之间的钟摆”这句话产生共鸣。

这种现象难道只出现在孩子的生活中吗？其实，大人与孩子的生活从本质上来说是一样的，只是欲望的对象不同罢了。孩子们渴望的是玩具，而大人们渴望的则是更富足的生活、更漂亮的异性，住小房子的人则想要更大、更舒适的公寓。如果欲望得不到满足，就会慨叹自己处境的不堪，倍觉痛苦。可是，即便经历千辛万苦，最终得到梦寐以求的公寓，那种满足感也不会持续很久。我们很快就会对新的公寓提不起兴致，再次被厌倦吞噬，新的欲望来袭，我们开始想拥有更大、更舒适的居住空间。

男女之间的关系也是如此。在遇到心仪的异性时，我们会想尽一切办法以争取对方的爱情。可是当真的得到的时候，由此带来的幸福感却并不会持续很久。两个人不多久就会进入厌倦期，最后无法忍受这种厌倦的重压，开始把目光投向其他更漂亮的异性。想象一下这种情况，就不能不承认“人生如同摇晃于欲望和厌倦之间的钟摆”这句话的犀利精辟。

当然，在叔本华的这句话之前，我们已经对叔本华所道破的人生现实有着某种程度上的认识。只不过我们中的大部分人都无法像叔本华那样明确地洞察生活的本质，而仅仅是庸庸碌碌地活着而已。但是，叔本华却用一句话就将人生的本质淋漓尽致地展露在我们面前。

或许这就是哲学和科学的差异，也是科学所无法企及的哲学的美妙。科学提供的是我们前所未闻的新信息。例如，在生物学发现遗传基因之前，我们对遗传基因一无所知。

与之相反，哲学则是把一些我们在生活中已经有所体验，并且有模糊认识的东西，用明确的概念加以整理，使之呈现在我们眼前。因此，在接触蕴含着哲学真理的箴言时，我们有时候会觉得自己也能说出这样的话，只不过是被人家抢先了一步而已。

尽管人们都说哲学是一门最难的学问，但考虑到上述情况，哲学也可以说是最简单的学问。因为它所起到的作用就是把我们通过身体力行所得到的模糊认识加以明确并呈现出来。

对于生命的判断，
不可能真实

叔本华所说的就是人生的全部吗？我们的人生真的不过如此吗？如果的确是这样，我们只能对现实中的人生绝望，成为厌世主义者。叔本华认为，即便有死后的世界存在，我们在那里所面临的也只有痛苦而已，因为在所有欲望都能得以实现的天国，我们会由于厌倦而痛苦，而在地狱，我们则会因为欲望无法实现而痛苦。

此外，叔本华还说“这个世界是我们能够想象的世界中最差的一个”，他的这句话效仿了莱布尼茨的那句名言“这个世界是所有可能的世界中最好的一个”。

莱布尼茨认为这个世界是由善神所创造，所以只能是最好、最完美的世界。而人类之所以认为这个世界不美好并因此而心存不满，是因为人类观察世界的视角是有限的。在神的眼中，这是个完美无瑕的美丽世界。

但是，在叔本华看来，莱布尼茨的思想只不过是毫无根据的空想。叔本华认为人格化的造物主等概念是虚构的，所以不能将之作为论据。他认为如果我们不用人格化的神做借口，而是诚实地加以观察，就会发现这个世界充满了各式各样的痛苦。因此,这是最差的世界。

对于叔本华的这种厌世思想，尼采是如何看待的呢？他用一句话对此做了总结，即“叔本华的哲学是厌倦生活的人所发的牢骚”。

尼采认为，我们存在于这个世界当中，因此无法评价这个世界的优劣。如同终生身处某一片森林，就无法评价这片森林的大小和好坏。人类所能做的所有评价都是立足于比较基础之上的。因此，只有去过很多森林，才能将它们相互比较，从而判断其中某个森林的大小和舒适与否。

可是，我们不可能离开这个世界去体验其他世界，也就无法对这个世界做出评价。因此，我们对这个世界的好坏所做出的判断并不客观，只不过是我们自身生理或心理状态的一种体现而已。

不只是对世界的判断，对生命的判断也是如此。

我们身处人生当中，而并非存在于人生之外。如果想对人生做出价值判断，就必须置身于人生之外，可惜那时我们已经死亡，死人是无法对自己的生命做出价值评价的。

所以，对于生命价值的评价也是不可能的。人们评价人生美或者丑，都只不过是自身生理或心理状况的体现。生理和心理状态明朗健康、充满幸福感的人会感觉人生美好。反之，压抑、病弱、忧郁的人则会感觉人生丑陋：

对此，尼采论述如下：

> 关于生命的判断、价值判断，对生命的肯定或否定，归根到底绝不可能是真的；它们仅仅作为征兆而有价值，它们仅仅作为征兆而被考察，——此类判断本身是愚蠢的。一个人必须全力以赴地尝试领悟这个惊人的奥妙：生命的价值不可能被估定。不能被一个活人估定，因为这样一位当事人甚至于是争论的对象，而不是裁判；也不能被一个死人估定，当然出自另一种理由。——就一个哲学家而言，倘若总是这样把生命的价值看作一个问题，便应对他的资格提出异议，给他的智慧打上问号，认为他的行为是不智的。

经历了很多苦难和挫折，厌倦生活或者病弱的人会认为人生丝毫不值得回味，可是那些将所有困境都当作发展的契机，并对此心存感激的健康之人则会觉得世界是美好的。

下面这则跟叔本华有关的轶事说明根据每个人的精神状态和所持观点的不同，世界也会迥然各异。当然了，与其说确有其事，这则轶事更像是世人对叔本华厌世主义思想的戏剧化呈现。

> 一天清晨，叔本华和朋友们一起散步。这时，一只小鸟从天上飞过，突然拉了一堆鸟屎，偏巧落在了朋友昨天刚定做的西装上。看到朋友被鸟屎弄脏的衣服，叔本华说：
>
> “看，我说什么来着。我不是说过嘛，这个世界是我们能够想象的世界中最差的一个。”

面对得意扬扬的叔本华，朋友回答道：

“我可不这么想。这世界还算不错的。设想一下，刚才飞过去的如果不是鸟而是一只牛，结果又会如何呢？”

如同叔本华的朋友所说，跟牛从天上飞过并拉下一摊屎相比，鸟在空中飞翔的世界是不是好很多呢？也就是说，“世界到底是怎样的”这个问题，根据观点和身处这个世界的人们精神状态的不同，答案也各不相同。

我们所不知道的幸福的条件

叔本华认为，人类在追求安逸和长寿的同时，尽可能地追求着感官上的快感。尼采的观点却跟叔本华不同。尼采认为叔本华的人类观只适用于陷入物质享乐主义的近代人，叔本华所描述的人类并没有反映出人类的真实状态。

尼采认为，人类是一种即使活得短暂艰辛，也希望感受到自己的力量及生命力得以提升的存在。概括来说，人类崇尚的不是长寿和安逸的生活，而是力量的提升和增加。

对此，尼采论述如下：

> 你们所追求的安逸并不是我们的目标。于我们而言，那就是末日！那是应该为人类所嘲笑和轻蔑的，人类因它而没落！

> 什么是幸福？幸福不过是那种意识到权力在增长，意识到反抗被克服的感觉。

> 幸福不是心满意足，而是更多的权力，不是和平本身，而是战斗。

要想体会到力量的增长，必须要有某种阻力。因为通过克服阻力，才可以感受到我们的力量在增强。所谓的“阻力”五花八门，可能是贫穷、战场上的敌人，也可能是艺术家面前的素材等等。人类在与这些阻力斗争并克服它们的过程中，体会到自身力量的增加和提升。

尼采认为这种体会到力量增加的感觉就是幸福。在他看来，对人类来说，每个人都有提升和强化自身力量的冲动，他称之为“强力意志”。他认为我们实际渴求的并不仅仅是安逸和长寿，而是力量的增加。

这种“强力意志”从根本上推动着我们，让我们在面对拿破仑式的人物时心生赞叹，面对米开朗基罗和歌德等人时会燃起雄心壮志，希望自己也能像他们一样成就伟业。

人类在取得某种伟大成就的时候，之所以能感受到自身得到了提升，最重要的一点就是在与自己的斗争中战胜了自我。我们必须与贪图安逸的自己斗争，战胜自己。努力战胜自我的人们面对生活中的困难时，会将其当成提升自己的机会来欢迎。

> 最富精神性的人们，他们必首先是最勇敢的，也在广义上经历了最痛苦的悲剧。但他们正因此而尊敬生命，因为它用它最大的敌意同他们相对抗。

相反，如果“强力意志”衰退或者病弱的时候，人们就会寻求舒适和满足，选择不与自己斗争，和自己和谐共处。这样的人在现实中遭遇困难时，会觉得世界充满苦痛，让自己无法享受安逸。

尼采认为，当我们感觉生活艰辛时，不应该埋怨世界，而应该重新审视自己，确定这种状况是否源于我们自身的意志和生命力的衰弱。

我们问那些不惜用生命做赌注来攀登喜马拉雅山的人：“为什么要爬山？”很多人会说：“因为山就在那里。”如果换做尼采，他会作何回答呢？他肯定会说：“为

了感受自己的力量。即使面对险峻的山峰也毫不畏惧，以此来感受自己强大的力量。”

当我们带着从容的心态登顶险峻的山峰时，我们会为自己而骄傲。诚然，这种骄傲在登顶的时候来得最为强烈，但在攀登的过程中也一样感受得到。因为在爬上陡峭斜坡的时候，我们克服了坐下来休息的欲望，这让我们感受到自己才是自己的主宰者，并因此而感到自豪。

尼采认为，当今的现代人迷恋安逸享乐，已经变成软弱的人类。哪怕碰到一点儿困难，有一点儿的不适，就会大肆抱怨。尼采称这种对刺激反应敏感并崇尚安逸的人为“末人”。而与这类人相对的则是“超人”，他也将超人称为“高尚的人”或“有气度的人”。

你身边是否存在这种“有气度的人”呢？是否有人曾让你为他的高贵而由衷感叹呢？这些人不会因为疲倦而轻易躺倒，即使很累也会保持端正的姿态，无论在何种情况下都坚毅刚正。

这些人非常自信，不轻易屈服于外部状况。他们总是会力争成为各种状况的主宰，从而感受自己主导局势的力量。

世界在这种“高尚而有气度的人”眼中是怎样的呢？是否像叔本华所描述的那样阴暗忧郁呢？尼采认为，对这些人来说世界是绝对美好的，而所谓美好，指的是我们将自身的美好和充沛分享给世界。

对感受到自身的美好和充沛的人来说，世界也是美好而富足的。这些人即使不是真正的艺术家，也可以被称为艺术家。尼采认为，优秀艺术家的作品其实也开始于力量的充沛。他说：“艺术只能成就于对于力量充沛和提升的陶醉状态。”

> 在陶醉状态中，人出于他自身的丰盈而使万物充实：他之所见所愿，在他眼中都膨胀、强大、力

量充沛。处于这种状态的人改变事物，直到它们反映了他的强力和他的完满。这种变得完满的需要就是——艺术。甚至一切身外之物，也都成为他的自我享乐；在艺术中，人把自己当作完满来享受。

相反，那些遇到很小的问题就不胜其烦、只追求安逸的人，即使自身很美好也并不满足。不仅如此，对他们来说，世界是一个对他们的安逸构成威胁的可怕存在。尼采继上面的那段话之后，接着论述如下：

还可以设想一种相反的状态，本能的、特殊的反艺术家类型，——即这样一种类型，它使万物贫乏、黯然、患上痨病。事实上，历史充斥着这样的反艺术家，这样的生命饥馑者。

尼采的这种思想与东方佛教的主张非常类似。佛教的一个分支学派唯识学认为，根据各个存在精神状态的不同，对待同一个世界会有完全不同的看法，这个学派用“一水四见”来举例对其主张进行说明。

“一水四见”指的是，同样的水在人、鱼、饿鬼和天人的眼里是各不相同的。也就是说，我们人类用水来饮用或者洗浴，鱼则将其当作居所，得不到子孙供养的饥肠辘辘的饿鬼将其看作一摊脓血，天上的神则把其看成宝饰庄严之宝池。

同样道理，尼采所说的“末人”和“超人”虽然同为人类，但因为各自截然不同的精神境界，看到的世界也完全不同。

我们认为没有任何艰难困苦的状态才是幸福的。所以我们总是希望苦难不要降临在自己身上，期待总有好的事情发生。可现实却经常和我们的期望背道而驰，我们要经历各种苦难，饱受肉体和精神上的折磨。正是从这个意义上来说，雅斯贝斯那样的哲学家才会认为人类无论如何都无法摆脱的瓶颈之一就是苦难和痛苦。

所以，真正意义上的“幸福的人”并不奢望远离苦难和痛苦，即使面对困难和痛苦，也能体会到精神上的平静和充实。

从这个角度来说，与幸福相对的并不是悲哀或者痛苦，而是一种逐渐导致内心贫瘠和生命力衰退的忧郁症。这种忧郁症的状态会被悲哀或痛苦支配，让人无论做什么都摆脱不了这种情绪的影响。

第二个问题

“怎样才能活得有意义”

人生，
只有不执着于意义，
才会变得有意义

迄今为止，
人类所受到的诅咒不在于痛苦本身，
而是因为痛苦毫无意义。

从骆驼到狮子，
从狮子到孩童

尼采认为“人类的精神是从骆驼的精神发展向狮子的精神，再由狮子发展向孩童”。不可否认，某些情况下，有的人可能直到死亡都无法摆脱骆驼或者狮子的精神阶段。

尼采所主张的人类精神发展的三个阶段可以说是一种理想的情况。那么，尼采为什么把人类的精神比作骆驼、狮子和孩童呢？

我用自己的实际经历为例来说明一下。

初中之前，我就像一只骆驼。骆驼生活在荒凉的沙漠，背负繁重的行李，没有任何不满，只是一味迈着沉重的步伐前行。

从这个意义上来说，骆驼也是“忍耐”和“顺从”的代名词。尼采所说的“骆驼精神”指的是把社会价值和规范当作绝对真理，并无条件加以服从。

家庭和学校向孩子们灌输着社会价值和规范意识。孩子们把父母和老师当作神明，只要乖乖听他们的话，就会被称赞为好孩子，这是所有孩子都希望得到的评价。如此一来，孩子们的精神和身体完全被社会规范和价值所填满。我也不例外，上初中之前，我一直奉父母和老师的话为圣旨，期望被他们评价为好孩子。因此，我就像骆驼一样，完全按照父母和老师的意图生活。

小学时，母亲曾经带我去参加某个宗教团体的仪式。仪式持续的时间很长，所有信徒都要站着参与。尽管我那时只是年幼的小学生，却依然毫无怨言地坚持站了好几个小时。尽管有时也会头晕眼花或者打瞌睡，但因为相信那个宗教是绝对的真理，所以我从来不认为那是辛苦或者毫无意义的。

初中阶段的某个夏天，我曾经一度废寝忘食地用功读书。那时候觉得学习很有意义，所以才会拼命用功，并因此而觉得自豪。那时候的我真的像一头无论多重的行李都愿意欣然驮运的骆驼。

进入高中之后不久，我突然从骆驼变成了狮子。当时，面对我的骤然转变，父亲非常愕然，直到现在我还清楚地记得他惊慌失措的样子。

高中一年级的某一天，人生的空虚感突然席卷而来，将我笼罩其间。在那之前，我从来没有怀疑过人生的意义，因为于我而言，人生的意义是毋庸置疑的。可是刹那间，生活突然将无比虚无的面貌展现在我面前。

人生毫无意义。唯一可以确定的是，我们无缘无故地被丢到了这个世界上，为了生计而挣扎劳碌，接着逐渐衰老死亡。

尽管这个事实并非我通观人生后得到的领悟，但某一天席卷而来的空虚感却比任何事实都来得真切。“活着有什么意义，反正总有一天要一了百了……”高中三年间，我一直被这个想法纠缠。在本是生命力最旺盛的人生阶段，我却扛着觉得人生无望的灰色包袱，过的非常惨淡。

就这样，我突然从骆驼变成了狮子，开始反抗父母和老师，蔑视一切对社会有意义的事物。我埋怨父母把我带到这个毫无意义的世界，憎恶学校和社会强制我们去进行没有意义的学习，并用学习成绩来评价我们。但是，那时的我并不知道到底应该怎样生活。

尼采说过：“狮子精神虽然能破坏既有的价值，却无法创造新的价值。”既有价值和意义崩毁之后产生的空白是最让人无法忍受的。

尼采把这种既有价值和意义崩毁殆尽，却又不知道“为什么而活”的状态称为虚无主义（Nihilism）。他认为这种虚无主义状态才是人类所无法忍受的最大的痛苦。我也切身体会到了空虚状态的痛苦，它夺去了我生活中的活力和乐趣，只留下忧郁和无力感。

我无法忍受这种状态，急切地找寻着某种意义，期待它能把我拉出这空虚阴暗的深渊。也正是那个时候，我第一次知道有哲学这样一门学问，并且在翻阅哲学书籍的过程中，第一次知道了尼采这个名字。

在阅读尼采的过程中，我感受到了他的激情。当时的我正急切的渴求着人生的意义，尼采的激情贯通了我的心灵。但是，作为一个高中生，当时的我是根本不可能深入理解他的。

在那个阶段，我因为找不到人生的意义而活得很

颓废，经常想就此结束生命。“人生毫无意义，反正早晚都要死。”这些念头一直纠缠着我。

但是，那时的我还有一丝渺茫的期望，那就是觉得大学也许是个出口，如果上大学学习哲学，就可能从这种令人窒息的状态中逃离出来。另外，我也能想象到我自杀后父母会是何等绝望。靠着这些想法，我才好不容易止步于自杀的门槛前。

没错，当空虚感达到极限时，我们就会产生自杀的念头。虚无主义把人类扔进绝望的深渊，却不提示任何出口，因此我们才会对其产生恐惧。

与此同时，我们同样害怕想到死亡。因为一想到死亡，就会觉得人生虚无，可是对于虚无的生活，我们却无可奈何。因此，即使我们经常面对他人的死亡，依然会自我宽慰“死离我还很遥远”，以此来摆脱有关死亡的想法。

“尽管别人已经死去，但我依然活着”，海德格尔认为这正是我们为了逃避死亡而选择的最具代表性的论证方式。其实，死亡是一种随时都可能降临到我们身上的“紧迫的可能性”。

我们总是在有意无意间回避死亡。相反，尼采和海德格尔在对死亡进行了认真思索之后认为，陷入虚无主义是我们的精神成长所必须的过程。

> 所有伟大的进步都伴随着巨大的解体和消亡。痛苦、衰落的征兆属于巨大的前进时代。人类所有进步而强烈的运动同时也催生着虚无主义。虚无主义是厌世主义的极端形态，在不同的情况中，它可能带来最关键、最本质的进步，即新的存在状态。

如果没有一度陷入虚无主义，我可能会一直停留在骆驼的精神状态中。我不会去思索什么才是真正的人生，只会按照社会所指定的既有生活方式生活下去。海德格尔等哲学家和尼采分别将这样的生活称为“实际的生活”和“末人的生活”。“实际的生活”指的是丧失自我，陷入对世俗价值的追求。“末人的生活”指的是堕落到底层的人类生活。

像痴迷于游戏的孩子一样生活

尼采把摆脱虚无主义，恢复活力的精神阶段称为“孩童的精神”。我再次用我的人生经历来说明一下尼采所说的“孩童的精神”指的是什么。

高中时期，整整三年间，我都苦苦挣扎于虚无主义的深渊，这让我几近崩溃。在这种状态下，进入大学没多久，我就成了马克思主义者。我是在 1978 年上大学的，当时的大学校园中，学生运动和马克思主义大为盛行。我在马克思主义中找到了把我从虚无深渊中解救出来的绳索，并依靠这根绳索度过了七年时间。

人们之所以信奉马克思主义，有很多种理由。有些人是出于对贫困人群的真正关爱和同情，有些人是因为对不平等、不合理的社会结构的愤怒，而我则是由于想摆脱虚无主义，强烈希望为自己的人生赋予意义。所以，从那时开始，马克思取代了父母和老师，成了我的偶像，我想通过实践他的教诲来寻找生活的意义。

可是，大学毕业后三年左右，我开始对马克思主义产生怀疑。因为尽管马克思主义以消除资本主义体制所助长的人类竞争为己任，力争建立友爱的社会，但它同时也催生了其他的竞争。这里所说的其他竞争，就是人们为了争相获取“伟大的革命家”称谓而进行的竞争。

在马克思主义组织内部，人们相互竞争，希望其他人承认自己是比其他人更伟大的革命家。同时斥那些与自己斗争方法不同的人为左倾冒险主义或右倾机会主义者，并大加责难。而那些在斗争中被排挤出去的人会被打下“人格缺陷”的烙印。

不可否认，资本主义内部也是如此，在竞争中被排挤出去的人也不会受到应有的尊重。但是从另一方面来说，也有人认为，以财力来对人们进行评价是肤浅的，在竞争中胜出并不意味着在道德层面也同样优秀。恰恰相反，在竞争中失败的人反倒认为自己在道德层面更加清廉。

可是在马克思主义组织内部得不到“伟大的革命家”称号的人甚至会被认为在道德层面上也是低劣的存在，这个现实赤裸裸地暴露在马克思主义者掌权的社会主义国家中。例如，当不成党员，或者不能成为平壤市民，便会被看作是欠缺革命精神的“二等国民”。

马克思主义组织内部的这种现实让我对“马克思主

义”这一概念产生了怀疑，发现了马克思理论所具有的局限性。因此，我摒弃了马克思主义，但这就如同松开了那条将我从虚无的深渊中拉上来的绳子，我再次掉进了深渊。

某一天，我突然体验到了一种豁然开朗的感觉，就像尼采领悟到永恒轮回思想时的情境一样。当年，正在瑞士养病的尼采在位于锡尔斯玛利亚的席尔瓦普拉纳湖边散步，在走过湖边高耸的岩石时，他瞬间醍醐灌顶，悟到了永恒轮回的思想。而我也是在接近而立之年的时候突然有了这种体验。

那一瞬间，我挣脱了从高一开始就一直困扰我的空虚感，如同搬走了压在胸口的一块巨石，感觉舒畅无比。我寻求人生意义的彷徨岁月就此结束。从那之后，如同尼采所说，我活得像个孩子。

“像孩童一样生活”是什么意思呢？这指的是把人生当作游戏的一种生活状态。当迷恋上某个有趣的游戏时，我们不会去问“为什么要玩儿这个游戏”。玩这个游戏，只是因为它有趣。那么，我们为什么会在某一瞬间突然好奇为什么要玩儿这个游戏，开始探求游戏的意义呢？这是因为于我们而言，游戏的趣味已经消失，我们却只能继续玩下去。

我们的人生也同样如此。把人生当作有趣游戏的人不会问“是否还要继续这个游戏”，因为他们被生活这个游戏所吸引，希望将游戏继续下去。而我们之所以开始好奇生活的意义，是因为不再觉得生活是一个有趣的游戏，转而将其看成必须背负的包袱。生活对于我们成了沉重的包袱，于是我们开始怀疑“我为什么必须要背负这个包袱？”

作为一个哲学教授，我每天都会接到很多或年轻或年长的人打来的电话，询问我“人生的意义是什么”。而这个问题，无论阅读多少有关人生和世界的书籍，都无法得到答案。尽管黑格尔等哲学家用鸿篇巨著的理论体系对人生和世界做出了揭示，可他们自己也可能觉得人生空虚。对此，尼采和被誉为“存在主义之父”的思想家克尔凯郭尔做出了如下阐释：

> 所谓哲学家，就是用思想建造了高大的宫殿，而他们自己作为实际的人，却住在极致简陋的窝棚里。

有关“人生的意义”的问题只有在把生活当作趣味盎然的游戏时才会消除，因为此时根本没有必要去好奇这个问题。请注意，这里我使用的是“消除”这个词汇。因为对于人生意义这个问题，任何理论都无法做出根本上的解决。只有我们的生活状态转变到无需提出这个问题时才能解决。换言之，这个问题只有通过问题自身的消失才能得以解决。

如果人生永恒轮回，你是否会重复现在的生活

顾名思义，尼采的永恒轮回思想就是指“所有事物都永恒轮回，永无休止”。也就是说我们所经历的或大或小的喜怒哀乐，如果存在来世，将会一直不断地重复出现。尼采还将其作为一种思想实验，针对永恒轮回思想，把一个问题抛在了我们面前——“如果所有事物都永恒轮回，你还会爱今生吗？”尼采曾说过下面这样一

段话：

如果某个白天或晚上，一个恶魔偷偷尾随你进入了你最孤独的孤独中，对你说："你正在过的和以前所过的生活，将不得不重来一次，并且还要再过无数次；在这无数次的生活中不会有任何新鲜玩意儿，你生命的每一次痛苦和每一次欢乐，每一个思想和每一声叹息，每一件事情，无论多么微不足道或者多么至关重要，都将在你身上重现，整个顺序都一模一样——甚至这只蜘蛛和这林间的月光，甚至是此时此刻和这个我。生存的永恒沙漏被不厌其烦地来回调转，而渺小如沙粒的你也在其中随之旋转。"

难道你不会扑倒在地，咬牙切齿地诅咒说这番话的恶魔吗？还是你会体验一个伟大的时刻，对他说："你是上帝！我从来没有听到过这么神圣的话语！”

如果这种思想支配着你，它将改变并粉碎你。“你渴望再一次或无数次地经历你现在正在经历的吗？”这个问题会无比沉重地压在你的每一个行动中。

可是，我们中的大多数在面对这个问题时都会连连后退，回答说：“不，如果有来生，我希望来生只有喜悦和幸福。”只是由于这种期望，我们才期待死后会有天堂，或者期待在不远的将来会出现不存在任何痛苦的乌托邦。

但是，尼采认为痛苦永远不会消失，因为在他看来，所有事物为了提升自身力量而相互斗争和冲突才是这个世界的真实面目。在世界的这种本质下，我们只有极大地强化和提升自己的意志力，才能坦然接受这个世界。

例如，假设我们正在攀登险峰。当肉体或精神衰退软弱的时候，我们会觉得那座山如同受到诅咒。我们会不断质疑“为什么要爬这座山”，并且哀叹自己必须攀爬高峰的悲惨命运。

相反，如果我们的肉体强壮，精神充沛，在我们眼里，那将是一座美丽而庄严的山峰。我们不会问“为什么要爬这座山”。如果有人问我们这个问题，我们会回答说：“因为这座山很美，登山乐趣无穷。”

在纠结于有关人生意义的问题时，我们认为人生和世界存在问题。换句话说，我们会认为人生和世界充斥着毫无意义的痛苦，于是寄希望于死后的天堂或者未来的共产主义，期待从中找到答案。

尼采却认为这源于我们自己精神意志层面的问题。意志薄弱，才会将世界看作毫无意义的荒凉境地。他认为，只要我们增强意志力，世界在我们眼中就会变得美好。在美好的世界中，我们每时每刻都会感受到极大的喜悦，活得轻松惬意。分分秒秒都有其意义，我们将体会到充沛的力量。这就是尼采所说的“用孩童的精神来生活”。

> 我们业已废除真正的世界：剩下的是什么世界？也许是假象的世界？……不！随同真正的世界一起，我们也废除了假象的世界！（正午，阴影最短的时刻，最久远的错误的终结，人类的顶峰。《查拉图斯特拉》的开场白）

这里“真正的世界”指的是柏拉图哲学及基督教等西方传统哲学和宗教所说的彼岸世界。彼岸世界是永恒不变的，也是我们所无法理解的、超越感知的世界。相反，此岸世界是我们可以理解和感知的，世间万物不断生成泯灭，皆悉无常。此岸世界不过是永恒不变的彼岸世界的投影。

但是，在尼采看来，永恒不变的世界是不存在的，真正存在的只有不断生成泯灭的世界。永恒不变的世界不过是那些不肯泰然接受现实的软弱人类所虚构出来的，以此废除真正的世界。在《查拉图斯特拉如是说》中，尼采借查拉图斯特拉之口道明，不断生成变化的世界才是唯一的真正的世界，让人们忠实于大地。

在传统哲学和宗教中，生成泯灭的世界被描绘得非常黑暗，而超越感知的世界则等同于太阳和光明。但对于肯定现实世界的人来说，现实世界本身就是光明，这个世界是由正午的光明支配而非黑暗。也就是说，我们生活的世界尽管片刻不停地上演着生成泯灭，却丰盈而富含真意。

从这种意义上来说，尼采的哲学就是对于生活的赞歌。尼采说过："我们应该侍奉的是位会跳舞的神。"这位神从不责难生活，相反，他懂得享受和肯定生活。尼采称这个不追求任何目的和意义，只沉醉于快乐中，重复着破坏和创造的神为狄俄尼索斯。

但是，这里的狄俄尼索斯并不是指某个人格化的神，而是重复着生成和泯灭过程的世界本身。而被尼采称为“超人”的人，则会正面对待这个不断重复着毁灭、创造、胜利的喜悦和挫败的悲伤的世界，是如同“舞蹈的狄俄尼索斯”般豁达开怀，置身于世界而喜不自禁的舞者。

诚然，这很不容易做到。因为我们的人生一直被尼采在《查拉图斯特拉如是说》一书中所提到的“重力精神”所压迫。“重力精神”是指将我们向下拉扯的恐惧、忧虑、嫉妒和怨恨等负面情绪。我的人生中也曾经因此而一度忧郁压抑。但即便如此，我依然认为人生从本质上来说是美好和有意义的，没有必要抛开现在的生活，寄希望于天堂或者未来的共产主义乌托邦。

第三个问题

“为什么所有事情都与我的意愿相悖”

没有什么比
活于险境更美好

爱命运，

这是我内心深处的本性。

尼采为何热爱
艰险多舛的命运

尼采所说的“超人”指的是热爱命运的人，而他在这里所说的“命运”，应该是指像他本人一样终生饱受病痛折磨的坎坷命运。

每个人的命运各有不同。有的人生来家境富庶，头脑聪明，毕业于名牌大学，有好的工作，一生的道路都顺畅平坦。有的人出身贫寒，没有条件接受正常教育，一辈子穷困潦倒。面对这样的世界，相信每个人都曾经觉得命运不公。

如果尼采的人生道路很平坦，那么我们也许会对他“爱命运”的主张嗤之以鼻，揶揄道：“我要是有你那么好命，肯定也会热爱命运。”尽管五岁时就遭受丧父的不幸，但凭借在艺术和学识上的卓越天分，尼采天生具备了在社会上获得成功的潜质。他年仅二十五岁就当上了瑞士巴塞尔大学的教授。到这时为止，应该说尼采的命运还是令人艳羡的。

但是，尼采当上教授不到十年就因病结束了教职生涯，靠学校的退休金度过了余生。因为退休金非常有限，他曾经拮据到在数九寒天也没钱在房间里点火取暖的程度。另外，尼采爱上了自己的学生——一个叫露 · 莎乐美的女孩，可惜始终没有得到她的芳心，孤独终老。

更有甚者，他的所有著作都得不到读者的关注。不受欢迎的书籍出版社自然不愿意出版，于是他只能自费出书。好不容易有了点名声，他却在四十五岁的时候精神错乱，如同植物人一样在病榻上生活了十年后离世。

我不相信尼采由始至终的肯定和热爱自己的命运。我们的意志会在不同的时候或减弱或增强，尼采也不例外，不可能没有意志力的起伏波动。

但是，他在意志力高昂的时候肯定和热爱着自己的命运，甚至高声呐喊，欢迎命运的反复。可是要知道，他的命运之路并不平坦，根本不值得我们羡慕。估计包括我在内的大部分人都会因为自己的命运与尼采不同而暗自庆幸。

随着年龄的增长，我们会越来越相信人力所无法改变的命运是存在的。尽管拿破仑曾经豪迈地大喊“我的字典里没有不可能”，但对人类来说，怎么会没有不可能的事呢？

即便是拿破仑，也不可能所有事情都做得到。他虽然是伟大的政治家和将军，但是无法成为伟大的画家或者音乐家。他想永远大权在握，长命百岁，可最终还是走下了皇帝宝座，在流放地凄凉地死去。每个人都想成为在各方面都很卓越的完美之人，可现实生活中，我们可能只拥有一两项特别的才能。

命运！
改变它？
屈服于它？
还是肯定它？

我们对待命运的态度大致可以分为三种。

一种是否定命运的存在，认为只要努力，就可以做成所有事情。这是一种极端的自由意志，简单归结起来就是“事在人为”哲学。

尼采将这种极端的自由意志哲学称为“判罪哲学”。人类是自己人生的主体，可以按照自身意愿来打造生活，这种哲学乍看起来很像是极为尊重人类的人文主义哲学。可尼采为什么会称之为“判罪哲学”呢？

对于“你是否相信人类可以战胜任何命运，按照自己的意愿打造人生”这个问题，什么人会做出肯定的回答？什么人又会给出否定的答案呢？做出肯定回答的人大多在社会上取得了一定的成功，而做出否定回答的人，很有可能是社会生活中的失败者。成功者会将成绩归功于自身的努力，而失败的人则会把失败归咎于家庭出身不好或者运势不佳。

现在，你是否明白尼采为什么将自由意志哲学称为“判罪哲学”了呢？因为自由意志哲学判社会中的失败者有罪。也就是说，“你之所以失败，是由于你不够努力”。这种武断的说法会让很多社会生活中失败的人感到委屈。

其实，不只韩国，放眼世界，身陷囹吾的人大都出身卑微。我们无法忽视自己身处的国家和家庭环境对我

is, there exist injective functions $f: A \to B$ and $g: B \to A$. If $C \subseteq A$
$) = A - \bar{g}[B - \bar{f}(C)]$; it is easy to see that if C and D are subsets of A
$)$ implies $\Delta(C) \subseteq \Delta(D)$. Indeed, $C \subseteq D \Rightarrow \bar{f}(C) \subseteq \bar{f}(D)$ (this is half
$- \bar{f}(D) \subseteq B - \bar{f}(C)$ by elementary class algebra $\Rightarrow \bar{g}[B - \bar{f}(D)] \subseteq \bar{g}[B - \bar{f}(C$
$[B - \bar{f}(C)] \subseteq A - \bar{g}[B - \bar{f}(D)]$ Now, let $S = \{ B \mid B \subseteq A$ and $B \subseteq \Delta(B) \}$,
$\bigcup_{B \in S} B$. We will prove that $A_1 = \Delta(A_1)$ i) If $a \in A_1$, then $a \in B$
; but $B \subseteq A_1$, so by (1) $\Delta(B) \subseteq A_1$. Thus we have $a \in B$ $\Delta(B) \subseteq$
proves that $A_1 \subseteq \Delta(A_1)$. ii) We have just shown that $A_1 \subseteq \Delta A_1$,
$)$, $\Delta(A_1) \subseteq \Delta[\Delta(A_1)]$, so $\Delta(A_1) \in S$. But A_1 is the union of all
, $\Delta(A_1) \subseteq A_1$. Thus, we have proved that $A_1 = \Delta(A_1)$, which is
$A_1 = A - \bar{g}[B - \bar{f}(A_1)]$. By elementary class algebra (see Exercise
this gives $A - A_1 = \bar{g}[B - \bar{f}(A)]$. Now f and g are injective funct
$\bar{f}(A_1)$ and by (2), $B - \bar{f}(A_1) \approx \bar{g}[B - \bar{f}(A_1)] = A - A_1$. But $\bar{f}(A_1) \approx A$.
, b be cardinal numbers. Then $a \leq b$ if and only if there exists c
$+c$; let A, B, C be sets (assume $A \cap C = \emptyset$) such that $a = \#A$, $b =$
ose $a \leq b$; let A, B be disjoint sets such that $a = \#A$, $b = \#B$
$a+b \leq c+d$, $a \leq ad$ a^b

们未来的影响。如同在女性无权接受教育的朝鲜时代，一个女人无论多么聪明，都很难有机会施展才华。

今天，支配韩国的也是这种自由意志哲学。很多年轻学生因此而被贴上不努力的标签，他们深深自责，甚至自杀。“其他孩子都得了一百分，你为什么只得了五十分？”他们在家里被父母、在学校被老师用这种方式责难，受到这种判罪的孩子会认为一切都是自己不好，于是最终想到结束生命。

殊不知，学习与音乐才华一样，也是需要具备一定的先天素质才能做好的。如果孩子没有优越的学习才能，就应该去努力开发其他的天分，就算没有任何突出的天赋，也应该培养他们满足于平凡生活的人生态度。

宿命论，这是我们可以对命运采取的第二种态度。这是一种失败主义观点，认为所有结果都由命运决定。自由意志哲学降罪于人，而宿命论则让人们倍感无力。

第三种态度是肯定并热爱命运。将逆境看作促使自己成长的好机会，对坎坷的命运心存感激。

乍看起来，爱命运哲学似乎与自由意志哲学很相似，但是他们在对待“人类无法左右的命运是否存在”这个问题的观点上，有着本质的不同。

爱命运哲学将坎坷的命运升华为契机。如果尼采看到那些一味训斥孩子没有学习天赋的父母们，一定会觉得他们愚蠢至极。相反，如果发现自己在烹饪方面有天分，因此而心存感激并最大限度地努力发挥这一特长，在尼采看来，这就是热爱命运。

残酷的考验
是让我强大的最好伙伴

在我看来，现实生活中最完美地实践了尼采爱命运哲学的人就是在日本被称为“经营之神”的松下幸之助。

松下幸之助是个传奇人物，到九十四岁去世时为止，他总共拥有五百七十家企业，从业人数达到十三万人。由于父亲破产，松下幸之助在小学四年级时就被迫辍学，年轻时代也非常艰苦。后来，有员工问起他的成功秘诀，他回答道：“幸亏我出生时，上天给了我三大恩惠。”

这“三大恩惠”是指出身贫寒，天生体弱，没钱求学。因为出身贫寒，松下幸之助养成了勤奋工作的习惯。因为天生体弱，他体会到了健康的重要性，一直不懈锻炼身体，逐渐变得比那些生来身体强健的人更健康。因为小学四年级就辍学了，所以即使面对一个小学生，他也觉得有很多可以学习的东西，正是这种谦虚好学的态度让他积累了丰富的知识，增长了智慧。

对于常人来说令人感到挫败和绝望的环境，松下幸之助却将它转变成了成功的契机。所以说，他是一个热爱自己的命运，并将其积极升华的人。

或者有人会认为，用自由意志哲学可以更好地阐释松下幸之助的一生。可是，即使是松下幸之助，也有无论如何都无法改变的东西。假如他无视自己在经营方面的天赋，就因为儿时觉得某位歌星很风光，于是也想成为歌手。鉴于他有着很强的意志力，可以想象他会通过努力达到一定的水平，但是其成功程度肯定不能与他作为企业家的成功程度相提并论。如此看来，松下幸之助并没有否定自己的命运，而是升华了它。

尼采所主张的爱命运并不是宿命论，而是一种将命运当作自身成长的基础来加以利用和升华的哲学。尤其是，他认为艰辛多舛的命运才是成为伟大人物所必需的绝好条件。

如同树木要经过狂风暴雨的历练才能茁壮成长一样，要成为伟大的人物，必须置身于恶劣到足以让常人绝望的环境之中。

对此，尼采论述如下：

> 恶毒——放眼那些完美的人类或者民族，不妨扪心自问：参天大树的成长，能撇开狂风暴雨与恶劣天气吗？对于德行来说，所有来自于外界的不

幸、压迫、憎恶、嫉妒、固执、不信、冷漠、贪欲、暴力难道不是必不可少的吗？它们为德行的成长营造了有利的环境。毒药可以杀死软弱者，可对于强者来说却是强壮剂。强者也从不称之为毒药。

可是，“肯定并升华命运的成功者”并非只指松下幸之助这样的在社会上取得成功业绩的人物。例如尼采，他彻底肯定了自己的命运，并宣言即使自己所经受的所有痛苦卷土重来也无所谓，但他不是一个社会上的成功者。

当尼采的头脑中迸发出爱命运的思想时，他只是个名不见经传的小人物，他的所有著书根本没有销路。可即便如此，他仍然满足并肯定了自己的人生。尽管不是所谓的社会成功人士，但他并没有浪费自己的生命，在最大限度发挥自身能力的同时，将自身的命运当成自我发展的契机。

尼采甚至说他人生中最艰辛的时期对他的发展起到了最大的帮助作用。

> 我常扪心自问，对于一生中最艰难时期的依赖是否胜于其他时期。我最深层面的本性告诉我，从更高的立场和更宏观的角度来看，一切必然都是有益的。我们不仅要承受它们，更要热爱它们。爱命运，这是我最深层面的本性。说起我那旷日持久的病痛，相比于健康，我因为它而收获更多。我从疾病中获取了更大的健康！甚至连我的哲学都来源于病痛。唯有伟大的痛苦才是精神最后的解放者。
>
> 我怀疑，痛苦是否起到了“提升”的作用，但我明白，它确实深化了我们。（省略）我们作为另一个人从长期而危险的自我演练中脱身出来。

自由意志论的信徒在否定命运的同时，试图成为命运的主宰。他们在意愿得以实现的时候会以命运的胜利者自居，扬扬得意，反之，在无法实现自己的意愿时，就会自我憎恶。自由意志论的信徒将自己放在世界的对立面,将世界当成任由自己随意处置的东西。与之相反，宿命论者则认为世界具有自己所无法匹敌的绝对力量。

但是，对肯定和热爱命运的人来说，即使世界给我们带来残酷的历练，我们也会把它当作是促成我们成长和成熟的益友。所以，爱命运的人在感谢世界的同时，也热爱这个世界。在尼采看来，真正的幸福是凭借对世界的感激和热爱，来超越与世界之间的分歧和对立。

第四个问题

“怎样化解人与人之间的矛盾”

尊重你的敌人

对于高尚的人来说，
敌人可以让自己变得更加卓越。

竞争和冲突
乃万物之父

每个人都可能感叹过“世界怎么会是这个样子”，人们为什么不能相互爱护，反而彼此憎恨和争斗呢？今天的报纸上依然充斥着人与人之间或大或小的争斗、杀人、叛乱和武力镇压等内容。

众所周知，对于人类整体来说，以原子弹和氢弹为代表的所有武器都有百害而无一利，但是这一刻，数不胜数的武器依然在被制造和使用。

长久以来，“如何克服人类之间的矛盾和斗争”这个问题一直是宗教和哲学探讨的重要课题。老子和孔子，佛祖和耶稣，很多思想家和宗教家从很早以前就开始思考人类为什么相互征战，以及如何才能解决这种矛盾和斗争。

那么，尼采是怎样看待这个问题的呢？众所周知，古希腊的哲学家赫拉克利特是尼采最尊敬的思想家之一，赫拉克利特有句名言：“斗争是万物之父。”

和赫拉克利特一样，尼采也认为人类之间的斗争和矛盾有其正面的意义。当然了，这并不意味着提倡斗争和矛盾。尼采认为马克思等人所构想的“人与人之间如同兄弟般相互关爱的社会”只是一个不切合实际的梦想罢了。

力求积蓄力量的意志是生命现象所特有的，它适用于营养、生育、遗传，社会、国家、风俗和权威。难道我们就不该将这种意志引进化学和宇宙秩序当中吗？这不仅是能量守恒，也是最经济的能量消耗。每种力量中心的唯一现象就是力求强大，不是自我保存，而是吞并和要求增多、增强，成为主人。

尼采认为，所有的生命体都会追求力量，力图强化和提升自己，所以世界范围内的斗争是不可避免的。斗争不仅存在于人类世界，还存在于动物世界，所有动物都存在于吃与被吃的食物链上。

在尼采眼中，生命体之间的争斗并不是为了满足各自的感官欲望，而是为了确认和提升自身的力量。这个世界的所有生命体都在相互角力，客观冷静地承认这个现实是非常重要的。

尼采认为，希腊人对这个现实有着冷静的认识，以厌世主义的观点来看待世界。西勒诺斯的故事正是希腊世界观的体现。

传说只要是麦德斯王用手碰过的东西，都会变成黄金。一天，他问酒神狄俄尼索斯的侍从西勒诺斯：“人类最好最优秀的是什么？”听了这个问题，西勒诺斯木然呆立，沉默不语。在国王的强逼下，西勒诺斯这才冷笑着回答道：

> 可怜的浮生啊，无常与苦难之子。你为什么逼我说出你最好不要听到的话呢？那最好的东西是你根本得不到的，这就是你不要降生，不要存在，成为虚无。不过对于你还有次好的东西——立刻就死。

尼采通过这个故事来证明希腊人并非我们所想象的那样开朗乐观。当然，他并不认为希腊人因此而停留在厌世情绪中踯躅不前。在他看来，正是希腊人将人类之间的斗争升华为建设性的竞争，由此而战胜了这种厌世主义。

为什么憎恶和恐惧竞争？

尼采认为希腊人是拥有强健体魄的人种。荷马的《伊利亚特》中有个场面，阿喀琉斯把杀死自己伙伴的赫克托耳绑在战车上疾驰，希腊人的残忍、冷酷无情和超强的胜负欲由此可见一斑。

但是，希腊人却将这种胜负欲升华为建设性的竞争精神，通过奥林匹克运动会，用和平的方式进行肉体力量的竞技。不仅如此，他们在生活的各个领域中都开展竞争，甚至举办悲剧表演比赛。著名悲剧作家索福克勒斯就曾经在这个比赛中获得五次冠军。

尼采的观点与基督教及佛教不同，对于人类的好胜心和胜负欲，他并不持否定态度。相反，他认为这种欲望和心理可以成为促进文明发展的动力。他认为希腊人也持有相同观点。

> 所有古代希腊人对于忌恨和猜忌的想法都与我们不同，并且赞同赫西俄德的判断。他描绘了一个邪恶的厄里斯，她引领人们在灭绝一切的敌意战争中互相残杀。然后又赞扬了另一个善良的厄里斯，作为醋意、怨恨和嫉妒，她激励人们采取行动，但不是投身于殊死搏斗一类的活动，而是投身于竞赛活动。

08
177
101
111

尽管厄里斯是不和女神，但是赫西俄德认为她里面存在着善良和邪恶两个厄里斯。尼采甚至将善良的厄里斯看作世界的原则。

> 这是一个汲自最纯净的希腊精神之井的神奇观念，（省略）神话里的厄里斯被转化成了世界原则。希腊个人和希腊国家的竞赛观念被从体育和竞技，从艺术对唱，从政党和城邦间的角斗中引伸开来，成为最普遍的观念，以致现在宇宙之轮绕它旋转了。永恒的唯一的生成，一切现实之物的变动不居——它们只是不断地活动和生成，却并不存在，赫拉克利特所主张的这一切，真是一种令人晕眩的可怖思想，其效果酷似一个人经历地震时的感觉。丧失了对坚固地面的信赖。把这种效果转化为其反面，转化为崇高和惊喜，实在需要惊人的力量。

东方哲学中有种阴阳五行学说。这种学说也认为宇宙中不只存在相生，同时还存在相克，没有相克，宇宙就无法正常运行。众所周知，五行是指构成万物的五种基本元素：木、火、土、金、水。木生火，火生土，土生金，金生水，这就是相生关系。

相反，木克土，土克水，水克火，火克金，这就是相克关系。无论相生还是相克，都不能单独存在于宇宙当中。

当然，尼采也认为宇宙中不只存在竞争和斗争。哪怕只是人类社会，也不能仅仅凭借竞争和斗争就能正常运转，因此，人们通过分工合作来互相帮助。如果没有农民种植的大米，在工厂工作的工人就无法生存，如果没有工厂生产的农具，农民在耕作时就会很费力。

人们总是肯定合作而否定竞争。尼采却认为，没有竞争的社会就没有发展。只有竞争才能让人们最大限度地发挥自身能力，为了成为伟大的人物而竭尽全力。

尼采说：

> 希腊的艺术家，例如悲剧诗人，是为胜利而创作的。没有竞争，他们的全部艺术便不可想象。赫西俄德的善良的厄里斯，也就是功名心给他们的创造力插上了双翼。

升华竞争和冲突的方法

尼采并非肯定人类所有的竞争和斗争，在他看来，拥有压倒性力量的人和比自己弱小的人较量是件很卑鄙的事情。

例如，当下韩国大企业正在侵占街巷市场，将小商贩和小规模私营企业者排挤出局。如果尼采看到这个场景，肯定会斥责那些大企业的老板不知羞耻。因为他认为只有下述情况才是正当的斗争和竞争。

> 与敌人平等——这是公平决斗的第一前提。如果轻视对方，就不可能战斗。如果你觉得自己在俯视对手，那么就根本没必要战斗。我只在找不到同盟军的情形下孤军奋战，只在仅会导致我一人陷入危险的情形下发动攻势。除非我将陷入险境,否则我从不出击。这是我关于正直行为的标准。

换句话说，竞争和斗争只有在竞争对象与自己相同或者比自己更为强大，自己正处于危险境地的时候才是公平的。只有在这种情况下，竞争和斗争才能成为互相增强和提升的契机。

我们可以把这个意义上的竞争和斗争称为“爱的斗争”。只有当斗争处于这种“爱的斗争”状态下的时候，人们之间才能互相尊重，由衷祝贺对方的胜利。用这种方式来竞争的人无论面对怎样的结果，都不会憎恶和猜忌对手。因为他们的目的是通过竞争来了解自己和他人的力量，提升自身能力。这就是尼采所说的具备四种美德的人。

> 四种优秀的态度——对待自己和朋友要正直，对待敌人要勇敢，对待被征服者要宽容，还有就是永远彬彬有礼。这就是我们应该效仿的四种美德。

尼采最憎恶的秽德是怨恨。人一旦陷入怨恨，失败的时候便不会将原因归结于自身实力、能力或者努力的不足，只会认为一切都源于对方的邪恶和自身的善良，于是暗中盼望“邪恶的”对方死后下地狱。或者将失败归咎于社会结构不合理，梦想着一切均享的社会的到来。

不可否认，社会结构的不合理所导致的人们无法拥有平等机会的情况确实存在。这就需要我们打造一种所有人都能平等享受机会的社会结构。

比如有的人因为是孤儿，所以从小就被剥夺了受教育及其他机会。有的人读书刻苦，也很聪明，却因为家境贫寒而无力上大学，这些情况绝对不应该存在。但尼采所主张的是，不要将所有问题都归咎于社会和他人，因为这样做是卑鄙狡猾的。

或许是因为斗争和竞争的副作用太大，所以我们总是习惯性地以否定的眼光来看待竞争和斗争。也正是因为这个原因，人们才会倾向于那些主张在所有领域中消除竞争和斗争的思想。

前面已经提到，我在大学时也曾经信奉过旨在消除竞争和斗争、打造人和人之间互帮互助的社会的马克思主义。尼采却认为，斗争和竞争是不可避免的，既然不可避免，就应该思考什么样的斗争和竞争才是正面的，并引导其发展。

我小的时候，社区医院的医生和护士的态度都很冷漠。当时的人们之所以不愿意去医院，医护人员的冷漠肯定是原因之一。那现在的医院又如何呢？医护人员都很热情亲切。这应该不是因为他们突然变得耐心体贴，而是因为医院之间的竞争。看到这里，我们就不能说竞争和斗争有害无益。因此，我们要维持竞争和斗争，将其升华为我们所希望的形态。

根除欲望，
生命也会被瞬间斩断

我们可以将尼采的哲学看作升华的哲学。尼采和卢梭一样，都在某种意义上主张“回归自然”，但是尼采所指的自然与卢梭不同，他也并非单纯地主张恢复自然状态。卢梭等人对文明和文化持批判观点，认为它们“导致并加剧了不平等”。

与之相反，尼采并不否定文明和文化本身，他批判

的只是其中违背和压抑自然的部分。

尼采之所以批判柏拉图式的二元论和基督教，其中的一个重要原因就是因为它们压抑和违背自然。这些理论将人类的自然欲望视为禁忌并强加抑制，认为竞争和胜负欲助长了世俗的名利欲望，从而对其加以压制。

对此，尼采认为，应该把性欲升华成男女间的爱情和艺术创造力，让竞争和胜负欲更富有生产性和建设性。

感性的升华叫做爱，它是对于基督教的伟大胜利。另一种胜利是我们的敌意的升华。这就是深深领悟拥有敌人之价值，简言之，行动和推论一反从前之行动和推论。教会在一切时代都想消灭它的敌人；我们这些非道德主义者和反基督徒却以为，我们的利益就在于有教会存在。（省略）政治上的敌意也有所升华，——明智得多，审慎得多，宽容得多了。几乎每个政党都明白，为了保存自己，反对党应当有相当力量。这一点适用于大政治。特别是一个新的创造物，譬如说新的国家，需要敌人甚于需要朋友：在对立中它才感到自己是必要的，在对立中它才成为必要的。

性欲和竞争中的好胜心确实为人与人之间的关系增添了很多矛盾和纷争。尤其是看到强者蔑视和压制弱者时，相信所有人都会义愤填膺。

但是，不能因此就消除竞争和斗争。

尼采认为，仅仅因为性欲导致了强奸等社会罪恶的发生就要消除性欲，或者因为竞争导致人们之间产生矛盾就要消除竞争，这些做法十分愚蠢，无异于因噎废食。

在尼采看来，基督教并没有把人类的性欲、好胜心、占有欲、支配欲、报复心等自然情绪加以升华，而是将其归结为邪恶并试图扼杀。对此，尼采批判说，这些情绪都是生命的本质，将它们彻底根除，无异于切断生命。

> 教会用不折不扣的切除来克服激情：它的策略、它的“治疗”是阉割。它从来不问：“怎样使欲望升华、美化、圣化？”它在任何时代都把纪律的重点放在根除（根除感性、骄傲、支配欲、占有欲、复仇欲），但是，从根上摧残激情就意味着从根上摧残生命，教会的实践是与生命为敌。

尼采进一步指出，阉割、切除等方法是那些无力控制自身情绪的意志薄弱者的本能选择。通常，我们都觉得消除了原始欲望的人是崇高的，但在尼采看来，那些人不过是无力控制自身欲望的软弱之人。

当然，尼采并不是对所有禁欲主义者都持批判态度。他认为能从容控制自身欲望的禁欲主义者有着强大的自我控制能力。在他看来，只有那些不能控制自身欲望，于是反过来怪罪欲望本身的人才是最大的问题，这些人始终纠结于得不到满足的欲望和无力消除欲望的薄弱意志之间，备受折磨。

> 对感性怀着激烈的、殊死的敌意，始终是一个值得深思的征兆，籍此可以推测这位好走极端的人的总体状态。——此外，当这类天性不再坚强得足以经受激烈的治疗、驱走身上的“魔鬼”之时，这种敌意和仇恨才登峰造极。不妨回顾一下教士、哲学家以及艺术家的全部历史：反对感官的最恶毒的话并非出自阳痿者之口，亦非出自禁欲者之口，而是出自无能禁欲者、必须禁欲者之口。

在竞争中超越他人，这是人与生俱来的欲望，即便是旨在消除竞争和斗争的集团内部，竞争和斗争也处处存在。在推行马克思主义的革命组织内部，人们也相互竞争，都力争成为卓越的革命家，获得承认的人会蔑视得不到承认的人。

所以，我们不应该试图消除竞争和斗争，而应该把它们升华到我们想要的形态，用我们希望的方式去竞争和斗争。而且斗争的对象至少要跟我们对等，不应该卑鄙地打压那些比我们弱小的人。

我曾经一度痴迷于一种名为 K-1 的角斗比赛。有人问我为什么喜欢看这么残忍的比赛，有意无意地责备着我的残忍。但是我却觉得这种角斗比赛真的很精彩。首先，比赛双方实力相当，而且是在不犯规的情况下堂堂正正地竞技。比赛结束后，无论输赢，选手们都会互相拥抱，失败一方向获胜者祝贺，获胜者则回赠以勉励。

尽管这种态度可能只是一种表象，但我并不完全这么认为。因为在我看来，无论胜负，双方选手都完全有可能对竭尽全力的对手心怀尊重，并得到真心回馈。

一次，一个选手在比赛中由始至终处于被动挨打的地步,并最终输掉了比赛。这位选手拿着话筒对观众说：

“各位是不是也觉得战胜我的这位选手打得特别精彩？跟他相比，我在这场比赛中的表现简直糟糕透顶。让我们一起来为他鼓掌。”

这难道不令人感动吗？如果这种健康的胜负欲和斗争方式能在社会各领域实行，那么这个社会就会变得充满活力，人人相互尊重。

第五个问题

“不信奉神，就会变得不幸吗？”

真正关心你的神
根本不存在

教堂如果不是神的坟墓和墓碑，
又是什么？

尼采
为何杀死神？

> 上帝死了！上帝不会再复活了！是我们把他杀死了！我们这些凶手中的凶手又应该如何安抚我们自己？

在我看来，“上帝死了”这句话才是尼采所留下的最著名的言论。可是这句话听起来却非常矛盾。

因为上帝之所以不同于人，就在于上帝是永远不死的存在。因此，尼采所说的“上帝死了”这句话应该从其象征意义的角度来理解，而不能只看其表面含义。它意味着进入近代社会之后，人们不再相信神明。

西方中世纪时期，人们把解决问题的希望寄托在神的身上。但进入现代社会以来，人们开始试图凭借自己的力量来解决问题。人类所面临的苦痛通常都来自于大自然和社会。既可能是暴雨和干旱等自然灾害，也可能是战争及不平等的社会结构所带来的痛苦。

现代人期待通过发展科学技术来克服灾害，期待通过社会结构改革来消除不合理的社会结构所引发的痛苦。这种希望依靠自身的力量来解决问题的努力在很多方面都取得了显著的成果，因此，与神相比，人类变得更加相信自己的力量。

到了现代，随着科学技术的发展，人们已经不再需要借助于神来解释自然现象。之前人们将打雷看作神的震怒，如今却可以用自然法则来说明。另外，随着人类学和民俗学等社会科学的发展，人们认识到那些不信奉基督教的民族一直以来也生活得很幸福。

因此，与中世纪相比，基督教在西方社会所具有的影响力已经大大缩减。尼采所说的“上帝死了”，正是对这种状况的阐释。

尽管如此，基督教的信徒依然众多，其中一些人视其他宗教为异端邪说，或者斥责他们只不过是偶像崇拜。在很多韩国家庭中，围绕着祭祀等问题，不信奉基督教和信奉基督教的家庭成员之间也产生了很多或大或小的矛盾。

在尼采看来，宗教是人类创造的，并非神所赐予。对他来说，创造了宗教并降临恩宠和责罚的“上帝”是一个无比幼稚的概念。他认为这个幼稚的概念其实与耶稣的教诲毫不相干，因为制度化的基督教教义并不等同于耶稣的教诲。

尼采认为，耶稣坚信包括自己在内的所有人都是上帝的子民，人人平等。另外，耶稣回避所有类型的争斗，教导人们远离“憎恶”等否定情绪。

耶稣甚至主张不必抵抗恶行，从一开始就不应该拥有抵抗的能力，以此获得和平安详，人与人相互关爱亲如手足，在这个状态中找到永恒完满的幸福。也就是说，耶稣认为完满的幸福存在于我们的内心深处，而不是来世，即“上帝的国度在你们里面”。

从这种意义上来说，尼采认为耶稣所说的天堂并非人死后的归宿，只是我们内心一种特定状态的象征。

在尼采看来，除了“上帝国度”及“天堂”等词汇之外，耶稣所说的“神之子”和“父神”等表述也都是象征。

“神之子”象征万物都能得到神圣极致的祝福，“父

神”则象征着永恒和完满。

鉴于耶稣用象征的方法来表现自己的核心观点，尼采称其为伟大的象征主义者。

尼采进一步主张，“带来福音”的耶稣之所以选择死在十字架上，并不是为了拯救人类，而是为了展示应该如何生活。面对针对自己的中伤和打压，耶稣从不抵抗和愤怒，也不为自己辩解，相反，他至死都爱着那些仇杀他的人。耶稣留给人类的不是特定的教理体系，而是生存的范本。

尼采认为，耶稣的教诲与制度化的基督教的内容完全不同，甚至是对立的。另外，制度化的基督教教义是由保罗而不是耶稣确立的。尼采认为耶稣传播了幸福的消息，也就是福音，而保罗则制造了坏的消息，即祸音。

保罗与“福音传播者”截然相反，他是一个制造憎恶、幻想和冷酷逻辑的天才。他极度憎恶当时社会上的杰出人士，制订了“不信奉耶稣者必下地狱”的教义。

在尼采看来，保罗是个被憎恶和怨恨所囚禁的人，他认为“怨恨”是我们最应该克服的低劣情绪。有些人满怀怨恨，恶意诽谤中伤他人，使之名誉和社会地位受损，在尼采看来，这是最不坦诚和最卑劣的。

尼采所说的满怀怨恨的人认为自己是善，而对方是恶。认为其人生抱负不能得以施展的原因并不是由于个人能力或努力不足，而是因为对方、社会或者家庭出身的问题。他们觉得自己十分优秀，之所以无法出人头地，纯属外部客观原因，因此从不努力克服自身的问题。他们只懂得贬低对方，盼望别人变得不幸。

尼采认为除了保罗，所有信奉他所建立的制度化基督教教义的人也都满怀怨恨。

他还认为社会主义者及无政府主义者们的心中也都充满怨恨。他们主张人人平等，批判不公正的社会结构，把导致自身生活优劣的原因完全归结为不合理的社会结构。从这个意义上来说，尼采认为社会主义及无政府主义等平等思想继承了隐藏在制度化的基督教背后的怨恨。

当然，尼采认为统治着社会主义、无政府主义以及基督教的平等思想只是怨恨的产物，对于这个观点，我们完全有理由去仔细推敲。反之，我们也可以像黑格尔等哲学家那样，将以基督教的平等思想为代表的近代民主主义思想和社会主义思想看作悠久的历史进程中劳动人民逐渐觉醒的独立意识所形成的产物。

黑格尔认为，在人类历史初期，人们需要为了获得承认而殊死搏斗。在这个过程中，抱着必死的信念来搏斗的人成了主人，惧怕死亡而选择附庸别人的人成了奴隶。

但是，随着历史的推进，主人习惯了用奴隶生产出来的消费品进行享乐，精神意志上却没有任何进步。与之相反，奴隶们在与自然斗争的过程中，逐渐意识到自己理性层面的能力和作为主体的能力。

在这个过程中，奴隶们认识到自己与主人拥有同样的人格。黑格尔认为，最早反映这种观点的、最具代表性的思想形态就是基督教所主张的“在神面前人人平等”，而法国革命则致力于将这种理念应用在政治实践之中。

正如黑格尔所说，基督教和现代平等思想正来自于民众精神层面的进步。可是即便如此，其中也有可能渗入尼采所说的怨恨情绪。

在尼采看来，基督教的平等思想和继承了这种思想的民主主义及社会主义思想全都是怨恨的产物。而其中怀有最深怨恨的人就是保罗，他巧妙地将怨恨转化成向当时占据统治地位的犹太人和罗马人复仇的思想工具。

保罗将耶稣当成自己复仇的工具，将耶稣用作象征的“上帝的国度”和“神之子”等概念按照文字的表面含义加以滥用。主张只要信奉上帝的独生子耶稣，死后就可以去上帝的国度，也就是天堂，而不信耶稣则必定下地狱。

所以，保罗与尼采不同，他不关注耶稣曾经如何生活，只强调耶稣作为上帝之子所具有的无限权能，把耶稣升格为神和救世主，而不是人。

此外，保罗还捏造了耶稣的复活，将人们关注的焦点从应当如何在当世好好生活，转移到在最后的审判中到底是上天国还是下地狱。

就这样，基督教就变成了一个信仰的宗教和崇尚死后上天堂的宗教，而不是实践爱的宗教，并将一切自然的事物都看成是邪恶和不净的东西，将身体和性欲视为恶魔。

对此，尼采论述如下：

基督教的上帝概念——作为病人之神的上帝，作为蜘蛛的上帝，作为精神的上帝——乃是世界上所达到过的最堕落的神的概念之一。它也许是神的类型衰退过程中的最低点。神蜕化为生命的对立面，不复是对生命的神化和肯定了！在上帝中表达了对生命、自然、生命意志的敌视！上帝是对于“此岸”的一切诽谤，关于“彼岸”的一切谎言的公式！在上帝中虚无被神化，求虚无的意志被宣告为神圣！

尼采认为，保罗所宣扬的灵魂不灭和最后的审判等概念一方面是出于对当时统治者的怨恨，另一方面也是为了满足他自己的权力欲望。保罗将这些概念作为武器，随心所欲地支配大众，将普通民众当成牲畜来驯服。

也就是说，人们为了在最后的审判中不下地狱，进入天国安逸自在地生活，就只能服从以保罗为代表的所谓“神的使者”，也就是圣职者的支配。事实上，现在仍然有很多人为了死后能进天堂而殷勤地去教堂，将圣职者的话当作上帝的旨意来信奉。

耶稣并非为拯救人类而死

尼采将耶稣和保罗加以区别，指责保罗歪曲了耶稣的真正理念，但对于耶稣，尼采也并未给予很高的评价。

因为尼采强调耶稣精神和制度化的基督教之间的区别，因此很多研究尼采的学者便认为尼采是肯定耶稣的，甚至做出荒唐的推测，以为尼采所说的超人就是耶稣。但是，尼采眼中的耶稣其实是个“由高尚、病态、幼稚等融合而成的、耐人寻味的decadent”，这里的“decadent”指的是生命力衰颓的人类。

耶稣爱所有人，甚至包括敌视他的人们。在尼采看来，耶稣精神就是软弱的病态生理状态的产物。换言之，这种精神源于对于痛苦和刺激的极度敏感。这就类似于触觉异常敏感的状态，哪怕碰到一点儿坚硬的东西，都会不由自主地退缩。

在这种病态状态中，人会本能的憎恶和恐惧现实，认为现实是无法掌控和理解的，因而安于“内在”世界。

正是因为这种极度的敏感，即便是微不足道的痛苦也会让他们恐惧。因此他们认为所有的憎恶、敌意、局限和距离都是令人不快的，于是他们开始追求精神上的和平，不再抵抗丑恶的事物，转而选择爱和包容。

直截了当地说，尼采认为耶稣逃避现实的刺激和痛苦，只蜷缩于内在的平和。因此，他将耶稣精神看作伊壁鸠鲁等哲学家所主张的享乐主义的一种崇高升华。

伊壁鸠鲁毕生都在思索“如何才能获得心里的平和宁静”。他认为政治等事物只会让人烦躁混乱，主张和情投意合的友人一起隐遁于乡野。

鉴于对耶稣的如是理解，在尼采看来，耶稣和佛都是一样的，即极度倾向于弱者。也就是说，他认为耶稣精神和佛教精神从根本上说是相同的，都源于同样的生理状态，都试图用内在的平和来逃避现实。

尼采认为，陀思妥耶夫斯基和托尔斯泰等俄国作家最真实的再现了耶稣的面貌。比如陀思妥耶夫斯基的作品《白痴》中的梅诗金公爵，他天真无邪，从不懂得怨恨别人，与耶稣极为相似。

宗教是软弱的人所虚构出来的

尼采将宗教大致分为两种：一种是不强调负罪感，只注重增强和提升人的力量，古希腊和罗马的宗教便是其中的代表：另一种就是保罗创建的基督教，将世间的力量和快乐视为罪恶，要求人们不断悔改。

尼采认为，宗教源自人类自身的虚构。尽管都是虚构，但它们各自的特性却千差万别。在尼采看来，希腊罗马的神话让人的力量得以增强和提升，相反，基督教式的神话则只会让人愈加软弱无力。

希腊罗马的诸神除了拥有不死之身以外，和人类并没有什么不同。他们跟人类一样有性欲和食欲，有爱有憎，甚至互相争强斗狠。

因此，尼采觉得希腊人和罗马人并不认为人类所具有的这些自然本能是罪恶的，相反，他们认为这些是神圣的。

但基督教却不同于希腊罗马的宗教，它认为人类的自然本能和欲望，以及本能和欲望得到满足时所产生的快感都是罪恶的。所以基督教信徒会与自己产生分歧，虐待自己，被负罪感折磨。

尼采对宗教的分类让我想到了艾瑞克·弗洛姆，后者将宗教分为人本主义宗教和权威主义宗教。当然了，这并不意味着尼采和弗洛姆的宗教观是相同的。

首先，因为两个哲学家探讨人的方式差异很大，因此，他们各自的宗教观也迥然不同。这里无法对此进行详细阐述，但两人之间的共同点是，宗教是人为创建的，所以必须要为人服务而不是为神服务，其目的则是为了让人类更加成熟。艾瑞克·弗洛姆采用客观的思考方式，认为有助于培养帮助和关爱他人的潜力的宗教是人本主义宗教，而压制或消减这种潜力的宗教则是权威主义宗教。他认为，基督教中同时包含着人本主义和权威主义两种因素。

举例来说，只有信奉基督教的人才能进天堂，这种教理就是基督教内部的权威主义因素之一。而这里所说的信奉基督教，即对“耶稣是上帝的独生子，他背负起人类的原罪，被钉死在十字架上”这件事深信不疑，并且每个周末都去教堂做礼拜，交“十一捐”。

但是，持之以恒的表白自己相信“耶稣是上帝的独生子，他背负起人类的原罪，被钉死在十字架上”，每个周末去教堂做礼拜，捐赠财物，人就会变得更成熟，或者就会得到更多的爱吗？难道信徒们不会骄傲于自己得到了进入天堂的承诺，将其他宗教斥为异端，日甚一日的盲信下去吗？

当年海啸袭击了泰国和日本，一些牧师居然说这些国家之所以遭受灾难，是因为该国的民众不信基督教的缘故。这些牧师的说法，就是最典型的权威主义的体现。而此时的上帝则是极其狭隘的，即只爱信他的人，而灭杀那些不信他的人。

同时，基督教中还有着人本主义的一面。基督教中的上帝无私地爱他的子民，不会因为人们相信他而特别垂爱，也不会对不相信他的人们加以驱逐。这样的上帝是无私而博爱的。

要想更靠近无私博爱的上帝，不是翻来覆去地说“耶稣就是上帝”，也不是参加各种各样的仪式，而是变得更加成熟睿智，热爱所有生命。耶稣曾说，即使不知晓基督教的人，只要他们能为又饥又渴的人无私地给予食物和水，他们就是离上帝最近的人。

举例来说，旧约和新约中的如下段落体现了人本主义宗教的精神。

——你们虽然向我献燔祭和素祭，我却不悦纳。（省略）唯愿公平如大水滚滚，使公义如江河滔滔。（阿摩司书 5:22–24）

——这些事你们既做在我这弟兄中一个最小的身上，就是做在我身上了。（马太福音 25：40）

——谁是我的母亲？谁是我的弟兄？（省略）凡遵行我天父旨意的人，就是我的弟兄、姐妹和母亲了。（马太福音 12：48–50）

——从来没有人见过神。我们若彼此相爱，神就住在我们里面，爱他的心在我们里面得以完全。（省略）住在爱里面的，就是住在神里面，神也住在他里面。（约翰一书 4：12-16）

越是相信权威主义宗教，人们便越傲慢，以为自己信奉的是绝对真理，排斥其他宗教和思想，贬斥其虚伪乃至是异端邪说，进而成为排斥异己的狭隘之人。

十字军战争以来，基督教和伊斯兰教之间一直存在着深刻的矛盾，而矛盾之所以不可调和，是因为这两种宗教的信奉者信仰宗教的方式大都是权威主义性质的。

基督教信徒们认为神只能有一个名字，那就是“耶和华”，而伊斯兰教的信徒们则坚持只能称呼神为“安拉”。

而这种权威主义现象还存在于某些类似宗教的

政治意识形态统治的地方。比如纳粹主义、布尔什维克主义就分别宣扬德意志民族和无产阶级可以拯救人类，同时对希特勒、斯大林、金日成等人进行神化。

在将金日成、金正日、金正恩当作神一样崇拜的朝鲜，权威主义宗教的所有负面现象都有着最直观的体现。即便是在今天，朝鲜也不承认除了金日成、金正日、金正恩之外的神。

因此，朝鲜民众若想成为优秀的“人民”，只能盲目地信从主体思想，参加政府和共产党所举办的各种活动，以此来展现自己的忠诚。

这种权威主义性质的宗教不管是以宗教的形式来体现，还是以类似宗教的政治意识形态来体现，总之，都带有祈福的特性。人们之所以无条件地信奉基督教、伊斯兰教乃至主体思想的教理，其实并不是为了上帝或者金正恩，而是为了自身的安乐。人们为了上天堂而信奉基督教和伊斯兰教，为了成为优秀人民，从而晋升为平壤市民及共产党员而信奉主体思想。因此，人们越是信奉这些权威主义性质的宗教，就越是自私。

相反，越是信奉人本主义性质的宗教，人们就越来越博爱、成熟和智慧。因为人本主义宗教中的神是种完美体现着博爱、慈悲和智慧的存在。

这里所说的智慧，指的并不是在现实生活中狡猾地谋取自身利益，而是懂得如何区分人生中真正重要的东西，并懂得为之奉献。

我们总是执着于那些死后无法带走的无常事物，为了最大限度地占有它们而耗尽全部精力。而历经各种努力得到这些东西的人，在世俗的角度被人称赞为智者，可是从人本主义的层面来说，他们却因此而错失了真正重要的东西，是愚蠢的。

信奉人本主义宗教的人们所面对的课题是实现自己

在理性方面的潜力，比如博爱和慈悲。他们会越来越懂得关爱和体谅他人，并拥有真正的大智慧，帮助其他人找到自己的本性。见解敏锐的艾瑞克·弗洛姆认为佛、耶稣和神秘主义哲学家爱克哈特才是这种人本主义宗教的实现者。

如同植根于大地的树木一样生活

尼采和弗洛姆以是否有助于强化人的潜力来区分宗教，对于他们来说，这种区分标准远远重要于某些宗教是否相信人格神及唯一神的标准。

但是，尽管尼采和弗洛姆有着上述相同点，但是对于人类有待开发的潜力，两人却有着不同的见解。

对于最能激发人类潜力的主体，弗洛姆列举了佛、耶稣等宗教圣人，而尼采则以凯撒大帝和拿破仑等人为典范。

尼采认为，人类不可能像宗教中的圣人一样完全抛弃以自我为中心的特性和好胜心，这样也是不对的。恰恰相反，他认为人类应该将以自我为中心的特性和好胜心升华到极致。因为在所有人和群体都激烈竞争的环境当中，选择抛弃以自我为中心，无异于自取灭亡。

对于真正的佛教徒及真正的基督教徒来说，即使面对外敌入侵，他们也不会拿起武器来迎战，而是会向敌人宣扬和平。

耶稣曾经说过，如果别人打了你的右脸，你应该再把左脸伸过去。佛祖也是一样，当琉璃王试图侵入他所出生的释迦族时，他并没有号召释迦族团结起来一致对敌，反而只是在敌人来袭的路上默然打坐。佛祖凭此让琉璃王一连三次原路折返，当他们第四次入侵的时候，佛祖意识到这是前生的业报，坦然接受了这个现实。

尼采认为，在激烈竞争的现实中，人类必须增强压制他人的好胜心、勇气、自负以及随机应变的智慧。凯撒大帝和拿破仑等人将以自我为中心的好胜心转化为进步的动力，因此拥有了超乎常人的勇气和自负，成为具备领导能力的人。

当今世界，不光国与国之间时时竞争，即使一个国家内部，也存在着各个集团之间的竞争。基督教和佛教的真正理念在现实中并不能得以实现。我们身边的基督徒和佛教信徒更多选择了适当向现实妥协。人们自称是佛教或者基督教信徒，却要在服兵役的时候学习如何有效的杀人。

尼采认为这种国与国之间、各集团之间、人与人之间的竞争永远不会消失。他甚至说："征服和占取是人生的本质。"在他看来，耶稣和佛所宣扬的世界大同主义让人们变得越来越软弱被动。

尼采所崇尚的价值如下：

> 自负、激情、兽性、酒色、冒险以及征服的本能、炽情的神化……

尼采认为希腊和罗马的宗教实现了上述价值。

希腊和罗马的宗教并不宣扬兄弟情谊等世界大同思想，而是赞扬本民族的伟大和光荣，赋予人们强大的自豪感和自负。

这种宗教并不信奉绝对的善神，而是超越了善恶。神并非只博爱、慈悲和道德高尚，恰恰相反，他们很傲慢、得意于自己的成就，很多时候，他们的行为用通俗意义上的善恶观来看甚至可以被归纳为恶行。比如宙斯就是个十足的花花公子。希腊和罗马的神将存在于世上的很多种力量和人类的情欲神圣化了。

尼采说：

对神做一种反自然的阉割，使之只是良善，这绝对不是件正确的事情。因为我们之所以能够生存，并不完全仰仗于宽容和好意。一个对于愤怒、复仇、忌妒、嘲笑、奸诈、暴戾一无所知的神，一个从未经历过胜利和灭绝所带来的强烈快感的神是毫无用处的。

尼采认为基督教信奉的神和佛教崇拜的佛都是被阉割的神，是女性化的神。他认为，在基督教依然崩塌的现实中，需要新的理想来取代基督教的人格神。他寄希望于超人，希望人们在经历苦难和痛苦时不要再依赖人格神，而是成为拥有强大意志力和生命力的超人，无论遇到何种苦难都欣然接受，肯定现实并热爱自己的命运。

尼采认为超人是“综合了耶稣基督和凯撒的人”。超人拥有强大的自负、勇气、机敏的智慧，勇于挑战比自己强大的人，对败者则充满宽容和慈悲。尼采主张用超人的理想取代死去的神。

看啊，我教你们以超人！

超人是大地的意义。让你们的意志说：超人是大地的意义！

我恳求你们，我的兄弟们，忠实于大地吧，不要相信那些对你们阔谈超尘世的希望的人！不管他们知不知道，他们都是放毒者。

他们是生命的蔑视者、垂死者、本身就是中毒者，已经为大地所厌倦，那就让他们去吧！

从前，对上帝的亵渎是最大的亵渎，然而上帝已经死了，因此这些亵渎者也就死了。现在，最可怕的亵渎就是对于大地的亵渎。

将世界分为彼岸和此岸，认为此岸是苦海泪谷，而彼岸则是不存在任何苦痛的天堂，对于尼采来说，这种二元论式的思考方式是生命力衰退的征兆。而人们之所以用这种方式来思考，是因为他们的生命力已经衰退到无法靠自身的力量来适应这个无尽生成泯灭的世界，于是只好制造出另一个世界，将现实世界当作假象，而将另一个世界看成是真实的。在尼采看来，这是他们对这个世界的报复。

> 若非有着强烈的诽谤、蔑视、埋怨生活的本能，编造另一个世界是毫无意义的。当这种本能很强烈的情况下，我们才会虚构出另一个世界、更好的世界的幻象来报复生活。

对于尼采来说，在这个世界上，无数权力意志盲目追求着自身的力量，超越这个世界的彼岸和来世是不存在的。人们无法接受残酷的现实，所以才会虚构出上帝、来世和天堂，并将其作为依赖的对象。

尼采认为，自柏拉图以来，西方传统哲学也像基督教一样，将生成消亡的现实世界看作假象，相信在这之上还存在着一个永恒不变的世界，以此为世人带来甜蜜的宽慰。因此，他提出今后的哲学必须正视并接纳现实。

> 一个天才可以容纳多少真理，敢于提出多少真理呢？在我看来，这日益成为真正的价值标准。错误（对理想的信仰）不是出于盲目，而是出于怯懦……认识上的每个成就和每次进步，都是鼓起勇气、磨炼自己和净化自我的结果……我并不反驳理想，我只是在它们面前带上手套罢了……我们追求被禁锢的东西：在以此为信号的战斗中，我的哲学必将取得胜利，因为，从根本上来说，至今为止被禁锢的东西无非是真理。

尼采曾经对妹妹伊丽莎白说过：“真理是可怕和丑陋的，如果你祈求心灵的平和与快乐，就去拥有信仰。”尼采要求对传统的宗教和哲学采取怀疑和斗争的态度，认为只有这种怀疑和斗争才能打造出具有男子气概的人，让人类发展强大。

> 有关来生的幻想使得人们对于今世有了错误的看法。这是各个民族的幼年期遗留的产物。（省略）通过不断的怀疑和斗争，人类才变得有男子气概。人们意识到宗教的起始、发展和结束都取决于自身。

尼采认为，对于现代人来说，无论是基督教，还是西方二元论式的形而上学，都无法再向人类揭示生活的意义和方向。当人类的精神状态还处于幼儿水准的时候，还有必要制造和依赖幻想，但是如今人类已经进步到无法再相信它们的程度。人类需要新的生活意义和理想。

尼采说：

> 对于未来的人类来说，迄今为止引发了无数战争和苦难的“神”及“罪”等概念将如同大人眼中的孩童游戏或痛苦一般，变得微不足道。到了那时，成年人需要新的玩具和痛苦。

尼采相信人类的潜力。现实中的人们凭借坚韧的意志，战胜各种痛苦和苦难，出色地完成自己被委任的工作。而寄希望于神的时候，人类则变得柔弱不堪，体会到自己的无力，恳求神替自己做所有事情。所以尼采才说没有什么比“愿望着的人”更让他倒胃口。

> 没有什么比愿望着的人更违背一个哲学家的

趣味了。当他仅仅在人行动时看见人，当他看见这最勇敢、最狡猾、最坚忍的动物迷失在迷宫般的困境中时，他觉得人是多么值得赞叹！他还鼓励他们。（省略）现实中的人如此值得尊敬，为何他一旦愿望，就不值得尊重了呢？他必须为他在现实中如此能干而受罚吗？他必须在虚构和荒谬的东西中放松四肢，以此补偿他的行动以及一切行动中的大脑和意志的紧张吗？人类迄今为止的意愿史是人类的羞耻。

尼采要求我们像大树一样生活。大树扎根土地里，却依然不断向上生长。同样道理，我们不该把天上当成最终回归的故乡，而是应该牢牢扎根于地上，肯定土地上的生活，同时为了实现超人的高尚理想而努力。

对我来说，在生存于这颗星球上的所有居民中，树木是最高贵的。它们体现着最完美的均衡，它们的根深扎在孕育它们的大地之中，不懈地努力向上生长。

第六个问题

“人生是否必须有信念”

信念是压迫
人生的负担

伟大的人必是怀疑者。
执着信念的定是懦夫。

畏惧成长的人才会创造信念

高中时期，我陷入虚无主义的漩涡，认为人生毫无意义，但当时，我依然渴求着能为人生赋予意义的绝对真理。我觉得这种绝对真理必定以精妙的理论形态出现，留意着各种宗教性和哲学性的教义。

我期待从以尼采、克尔凯郭尔、海德格尔和雅斯贝斯等思想家为中心的存在主义哲学中找到人生的意义，下定决心上大学以后一定钻研存在主义哲学。支撑我熬过那段时期的唯一信念就是渴望存在主义哲学将我拉出虚无主义的泥沼。

但是正如前文所述，进入大学之后，我的人生轨迹有了意料之外的逆转。高中学长领我参加了一个理念社团，我在那里遇见了很多学长，他们忧心民族未来，呼吁民族解放。

那是我生平第一次遇到爱民族大众胜于爱自己的人，我被他们所深深打动。后来，我得知他们奉马克思主义为金科玉律。于是大学一年级暑假，我通读了美国著名马克思主义经济学家保罗·斯威齐的《资本主义发展论》，从此成了一个坚定的马克思主义者。

直到现在，我还清楚地记得自己当时被书中丝丝入扣的逻辑理论所吸引，不忍释卷的样子。我坚信找到了绝对的真理，因而从高中三年间一直困扰我的虚无主义中解脱了出来。也就是说，当时的我坚信自己找到了生命的意义和方向。

尽管摆脱了虚无主义的泥沼，但同时我的视野也变得狭隘起来，笃信某个特定的理论体系，用其来观察和评价一切。那之后，我觉得教授们的课堂讲义都非常幼稚可笑。我自恃已经掌握了绝对的真理，觉得教授身上没有值得我去学习的东西，甚至还觉得教授们向学生们灌输的都是资产阶级反动思潮。

在对书籍的选择方面，我的标准也变得非常狭窄，我只读那些赞同马克思主义的书籍，急于强化自己的理论和逻辑，以期为马克思主义辩论。而所有批判马克思主义的书籍，都被我当成是煽动资产阶级思潮的读物而丢在一边。

和同学们在一起讨论的时候，我也急于向对方灌输马克思主义，因此，我们之间的对话与其说是讨论，倒不如说是我单方面的宣传和煽动。而当对方不接受我的观点时，我就会武断地认为这是因为对方被资产阶级虚伪意识蒙蔽所致。那时的我不管读多少书，进行多少探讨，视野都无法变得更开阔，只能在狭隘的状态中原地踏步。

就这样，我执着于一种思潮整整七年，后来逐渐对它产生怀疑，并最终抛弃了它。

放弃了马克思主义之后，虚无主义再次袭来，但好在我已经拥有了不受任何特定的理论体系所束缚的自由视角。尽管内心深处的某个地方仍然空虚，但另一方面，又觉得豁然开朗。

那之后，我读了很多各种立场的书籍，逐渐拓宽了看待人类和世界的视野，时隔许久之后，终于再次体会到了读书的快乐。

可是，在和同学们的讨论过程中我却体会不到任何快乐。抛弃了马克思主义之后，我试图寻找正确的思想，于是回到首尔大学读研究生，但当时的研究生们却都热衷于马克思主义。我在课堂上和这些马克思主义者们探讨，越来越觉得这样只会伤害彼此之间的感情，于是后来就干脆选择回避。

再后来，我到德国留学，在那里遇到了一些学术上的学长，他们不为任何理论体系所束缚，在和他们的交流过程中，我再次体会到了学术探讨的乐趣。而当我执着于马克思主义的时候，我的目标是从理论上压倒对方，让对方接受我的观点。在讨论的过程中，从来不想向对方学习什么。

而在留学期间，我终于体会到讨论的快乐和意义不在于战胜对方，而是向对方学习，并对自己坚信一定正确的见解进行反省。

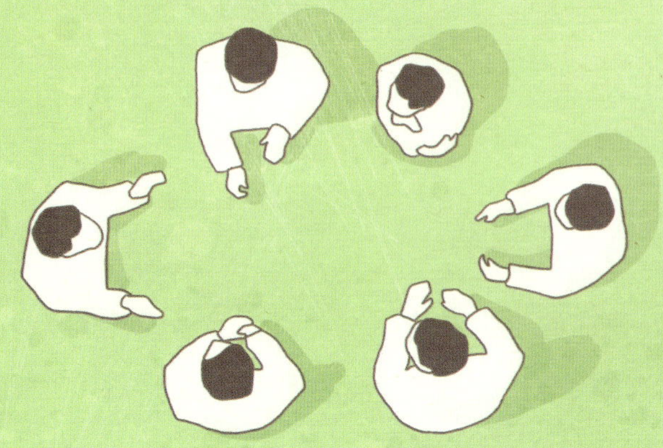

信念是比谎言
更危险的真理之敌

我们所处的世界和历史时时都在变化。因此，用一种理论体系来解读这个不断变化的世界是不可能的。尼采从这个角度认为，所有试图建立体系的意图都是不切合实际的。

尼采说，伟大的人必定都是怀疑者。这里所说的怀疑者并不是指不相信任何真理和意义、只是一味绝望的虚无主义，而是指懂得如何用不同的视角来看待世界的、拥有自由意志的人。对于那些抱着信念来行为处事的人，尼采说：

> 力量及精神力量因怀疑而证明了自己。在价值与非价值的基本问题上，那些有信仰的人是不在考虑之内的。信仰是监牢。看得还不够远，看得还不够向下：但为了能够讨论价值和非价值的问题，人们必须看到他们自己底下的无数的信仰——必须看到他们背后的无数信仰……一个想要变成伟大人物的人，同时想要知道变成伟大人物的方法的人，必然是一个怀疑主义者。一切信仰的自由都属于力量，当然，能够自由地观察也是属于力量的。

通常情况下，我们觉得那些为了某种确定的信念甚至不惜奉献生命的人是强大的。但尼采却认为他们是软弱的，因为他们丧失了依靠自身力量生存的能力，只能依赖某种信念来支撑生命的重量。

从这个意义上来说，尼采认为所有坚信某种信念并不惜为之牺牲的人都是依赖型的人，他们并不把自己当成目的，而将自己沦为理念的实现手段。

> 有信仰的人，任何形式的“信徒”必然是一个有依赖心的人，——是一个不能把自己当做目的的人，是一个本身根本不能设定任何目的的人。

> “信徒”并不属于他自己，他只是一个手段而已，他一定是被利用的，他需要某个人来利用他。他的本能给予自我牺牲 (die Entselbstung) 的道德以最高的荣誉。任何事物都说服他自我牺牲，让他为了神而牺牲自己。

但是即便如此，人们仍然很容易被那些为了宗教理念或者政治意识形态而奉献自己的人所打动。对此，尼采指出："相比于某种主张和信念的合理性根据，人们更容易被那些毫不犹豫地为了主张和信念奉献一切的狂信徒的举动所影响。"

> 他们那种病态的局限性把信仰者变成了狂热的信仰者——如萨伏那罗拉、马丁·路德、卢梭、罗伯斯庇尔、圣西蒙——这些人已经成为强壮而自由之人的相反类型。但是，这些病态的人的伟大态度，这概念的癫痫病患者的态度，对大众产生了影响，——狂热的信仰者是活灵活现的，因此，人类宁愿去看那些表面的形态，而不愿去倾听深刻的理由。

尼采认为，笃信某个特定的宗教、政治意识形态或信念，都是一种自我疏远，甚至是一种期待自己变成奴隶的态度体现。

> 他的机巧、他的经验和他的虚荣。每一种信仰本身是自我牺牲的一种表现，是自我异化的一种表现。（省略）用这种规则从外部把绝大多数的人联系起来并且约束起来，就像这种强迫，即在较高意义上的奴役，这种奴役是意志较薄弱者，尤其是女人发展壮大的唯一的而且是最终的条件。因此，人们也是这样理解确信和“信仰”的。

当依赖于某种专断的信念时，我们会找到确定的人生意义、方向及生活的力量。但代价是因此而失去自由比较各种信念的思考宽度，以及作为主体来思考的能力。因此，尼采认为所有的专断信念都是阻碍人们自由思考的牢笼。

WE'RE
RIGHT!

尼采主张我们应该不受拘束地面对各种信念，将它们当成增强我们生命力的方式手段，即不做信念的奴隶，而是将其当成促使我们变得强大的方法。

> 伟大的激情，即他存在的理由和力量，甚至比他本身更明确，更专制，这种伟大的激情运用了他所有的理智。它使人不再怀疑。它甚至给人以勇气去追求那些不够神圣的方法。在各种情况下，它施予人信仰。作为方法的信仰！很多东西都是凭借信仰才能获得的。伟大的激情需要并利用各种信仰，但伟大的激情并不屈服于各种信仰，——它知道自己是至高无上的。

摆脱人生重负，
获取自由的方法

纵观人类历史，在威胁到人类生活的事物当中，最危险的恐怕要数对于特定的宗教或政治理念的笃信了。无论多么凶恶的连环杀人犯，也很难杀人过百，可是当笃信某种宗教或政治理念的人形成一个群体的时候，就可以轻而易举地大肆杀戮，却不会因此受到任何良心上的谴责。

在天主教思想所支配的中世纪西方国家，很多人因为不相信基督教的神而被污蔑为异端分子或者女巫，最终死于非命。当新教出现并与天主教相抗衡的时候，这两个教派也彼此斥对方为异端，相互大肆杀戮。后来，宗教对社会的影响力有所减弱，民族主义、纳粹、马克思主义等政治意识形态取而代之，填补着民众精神世界的空白，于是又上演了一场在凶残程度上毫不亚于宗教战争的意识形态战争，并夺去了几千万人的生命。

尼采下面的这番话指出，相比于谎言，信念反而是人类发现真理道路上的更大障碍。

> 下面，我们来继续研究信念的心理学，也就是信仰的心理学。“信念是否是比谎言更危险的敌人”，这个问题我已经考虑很久了。有信仰的人的命脉在信仰中。有信仰的人不观察许多事物，在任何时候

都没有公平可言，彻底的偏激，在任何有关价值的问题上都戴着严格而必要的眼镜——只有这样，这类人才能够生存下来。但是，他们却因此成为真实性，即“真理”的敌对者和对立物。对于“真实”还是“虚假”的问题，信徒根本就不能具有自由的良心。在这里，诚实将立刻毁灭他们。

人们认为自己所信奉的信念是真理，所以才会笃信不疑。但是，他们之所以相信那些信念，其实是因为这些信念为他们的生活赋予了确定的意义和方向。人们在生命无休止的生成消亡中感到不安，因此才想依赖于某种信念，以期从不安中解脱出来。

换言之，人们之所以笃信某种信念，并不是因为这种信念是真理，而是因为它给自己的生活带来了慰藉。也就是说，笃信这种信念的人们选择了慰藉，而放弃了真理。

牺牲真理而选择慰藉及生活的力量。相反，不迷信任何信念、凭借自由意志去追求真理就意味着剥夺他们的慰藉和生存的力量，因此，他们并不愿意追求真理。

尼采这里所说的“自由意志”指的是不屑于理念所赋予的慰藉，用开阔的视角来看待世界和事物。只有拥有这种自由的意志，人才不会成为任何信念的奴隶，同时将所有理念都转化为促进自己进步和成长的养分。尼采认为，只有拥有这种自由意志的人才相信自己作为思想主体的能力，才是真正的强者。

第七个问题

“艺术能否改变人生”

艺术之于人生，
是伟大的兴奋剂

真理是丑陋的。
我们拥有艺术，
是为了我们不因真理而毁灭。

科学知识只是生存所需的信息

现代社会又被称为科学技术的社会。科技发展日新月异，不夸张地说，科技正在支配着我们的生活。

而中世纪的西方则可以称为基督教社会。当时的西方人认为，真理存在于上帝的启示和圣经当中。因此，当他们在生活中遇到困难的时候，都会向上帝祈祷，依赖上帝，期待从他那里得到解决问题的方法。

如今的人们却坚信，牛顿和伽利略之后的近代科学才昭示了真理。因此，当遇到问题的时候，现代人都试图从科学技术中寻找对策。

但是，近代科学所描绘的世界却是极其荒芜的。因为用近代科学的观点来看，所有东西都不过是原子毫无意义的运动，我们的思想也不过是头脑的物理作用罢了。

近代科学认为所有现象都可以还原为物理现象，也就是说，近代科学所阐释的世界只是物理元素相互间毫无目的和意义的因果作用，人的生命也不例外。

进化论将生命的历史看作一个进化过程，它所描绘的世界也和物理学及化学所阐述的一样索然无味。进化论认为，生命体的所有活动都源于下意识的生存欲望和

种群繁衍的本能。

从进化论的角度来看，个体是种毫无目的和意义、只遵循盲目的生存欲望和繁衍本能的存在。在进化的过程中，如果个体具备适应环境的遗传基因，它就会得以幸存，反之则被淘汰。

在我看来，叔本华的厌世主义最为彻底地引出了进化论的最终归宿。尽管进化论并没有意识到这种不可避免的可怕结局，叔本华却将其一语道破。

进化论认为生命最基本的目的是自我保护，每一个人都因此而不懈努力，但是人类的寿命最长也不过百年，这些努力最终总会归于失败。

因此，个体不过是种荒诞的存在，只是被用来延续种群。叔本华鲜明地指出了进化论不可避免的结局。

当然，叔本华的哲学与进化论有诸多不同，他本身也并不认可进化论。但是叔本华的哲学和进化论有一点是相通的。那就是——所有生命体只是单纯追求自身的生存和种群的生存。

可以说，叔本华的哲学思想揭示了进化论不可避免的结局，即虚无主义和厌世主义。

近来，进化论受到了广泛关注，认为除了动物的世界，它还可以解释认知、伦理，以及宗教等人类生活的所有现象。那些认为进化论可以解释人类生活所有现象的人，自以为只有这项理论才有科学的基础，为此而扬扬自得。

但这些人的理论只会让人陷入虚无主义和厌世主义。进化论认为，人类的生存只是为了保存自身和种群，一生饱受劳碌最终消亡，除此之外没有任何意义和目的。所以，如果真心接受这种理论，人们最终必定会陷入虚无主义，而虚无主义又不可避免地会导致厌世主义。

如果世界真的如同进化论所主张的那样，没有任何意义和目的，只是强迫人类为了生存和种群繁衍而经受劳苦，那么人类不会接受这个世界，只会憎恶它。

艺术让人生更加丰满

是否真如进化论和叔本华所主张的那样，支配人类的仅仅只是自我延续和种群繁衍的本能冲动呢？不，这之前恐怕首先要问，近代科学是否揭示了人类和世界的真理呢？

尼采认为，近代科学所阐述的世界并非世界的本来面貌。在他看来，近代科学提供给人类的不是对于真实世界的正确认识，而是生存所需的信息。因此，他认为近代科学的宗旨只是确保人类的生存。

例如，近代医学阐述了某种植物所特有的属性可以治愈某种疾病，昭示了特定的属性和特定的病症之间的联系。也就是说，科学的焦点在于事物之间的外部联系。

尼采则认为，所有的生物活动并非简单的物理作用，也并非完全受控于生存和繁衍本能，而是遵从于强化自己的欲望。

我们在前面提到过，尼采称生物所具备的这种特性为“强力意志”。强力意志在人类身上体现得最为鲜明。人类的目标不是简单的生存和繁衍，而是强化自己。

如果人生的目标只是生存和繁衍，就不会因为劳碌一生却又终将死亡而觉得人生虚妄。但是，因为人类这种存在最鲜明地体现了强力意志，对于自己的人生只是一种物理作用，或者只是生存和繁衍本能驱使下的活动这种说法，势必会觉得茫然自失。

人类的终极目标不是活得长久，而是即便生命短暂，也要活得充实。尼采认为，能让人生充实的东西不是科学，而是艺术。艺术让我们知道世界并非由简单的物理作用形成，也不单纯是为了生存和种群繁衍而奔波劳碌的荒芜之地。艺术还让我们意识到世界和我们的人生是如此值得经历。尼采说："人只有在艺术中才能享受生命的完满。"

但是，只有具备健康的生命力，我们才能发现世界的美好和充实。艺术家的生命力都很旺盛，他们能发现世界的美丽和充盈，并懂得如何将其展现在世人眼前，让人们去体会这种感觉。

尼采将艺术家们充满健康力量的状态称为"陶醉"。艺术家要想进行艺术创造，只凭头脑中的绝妙创意是不够的，还要情绪高涨，陶醉其中。

尼采在其处女作《悲剧的诞生》中，将催生艺术的冲动分为梦幻和陶醉。梦幻冲动指的是想创造美丽假象的冲动，其产物是建筑、美术、雕塑等造型艺术。对于这些造型艺术，尼采称之为“阿波罗式艺术”。众所周知，阿波罗是日神，象征着智慧、节制和均衡。

与之相对的是陶醉冲动，指的是深深迷醉，摆脱个体意识，力争跟所有东西合为一体。这种冲动的产物是舞蹈、音乐等非造型艺术。尼采将非造型艺术称为“狄奥尼索斯式艺术”。狄奥尼索斯是酿造葡萄酒的酒神，于我们而言也并不陌生。

但是，在后来的《偶像的黄昏》中，尼采又说两者都是醉的类型。在这里，尼采将“陶醉”解释为我们身体器官最为兴奋的高潮状态。他认为这种兴奋的高潮可以通过很多契机来实现，而其中最为持久和本质性的陶醉就是性兴奋。

对于胜利的渴望、身处比赛时的强烈兴奋也让人陶醉。此外，庆典、勇敢的举动、胜利、一切极限运动、残忍行径、破坏、春天等特定的气象影响、毒品、澎湃的激情等都可能让人陶醉。

尼采认为，这种陶醉的本质是力量及生命力的提升和充实的感觉。艺术来源于这种感觉，同时，也将欣赏艺术的人们带入这种感觉当中。而当我们沉浸于这种感觉当中，事物在我们眼中就会变得美丽起来。

尼采将这种状态描述为“我们赋予事物以美，将美从自身转移到事物上”。换言之，当我们的生命力旺盛的时候，事物在我们眼中就会分外美丽，我们用这种方式将美丽赋予事物。

艺术家赋予事物美丽的方式，通常被称为理想化。这种理想化抹煞了事物上相对细微的附着部分，但是尼采认为，理想化的本质就是凸显和强调主要特征，从而遮蔽其他特征。

我们让事物最优秀美好的一面突显得更为鲜明，让它们更加丰盈充实。例如，喜马拉雅山上的小石块不计其数，可是画家在描画山峰的时候，却舍弃了所有的石块，只突出喜马拉雅山的崇高。

用艺术
来打造人生

尼采认为，每个人眼中的事物和世界依据每个人的力量状态而不同。软弱的人眼中的事物和世界是贫瘠而丑陋的，相反，力量充沛的健康人眼中的事物和世界则丰盈而美丽。

因此，当我们觉得世界贫瘠丑陋的时候，应该在自己身上找原因。应该认识到，正是因为我们自身的生命力低下丑陋，我们所看到的世界才会丑陋。

当我们深深沉浸于陶醉当中的时候，我们会觉得一切都很充盈，觉得一切都和我们一样，强大而充满力量。这时候的事物反映着人的强大力量和完满。艺术就是人作为一种完满的存在，将事物也变得完满。

这时，我们会从事物中感受到喜悦，其实这喜悦来自于我们对自身的满足。因此，我们通过艺术所能得到的终极享受，其实是“作为完满存在的自身”。

尼采认为，人把自身树为完美的尺度，赞叹和崇拜美好的事物，事实上崇拜的是人类自身。

人相信世界本身充斥着美，却忘了自己是美的原因，唯有人把美赠予世界。人们觉得世界跟自己一样充满了力量，才会觉得世界美丽。因为人类觉得充满力量的自身是美的，因此也用同样的标准来衡量事物。

关于这一点，尼采说：

人把自己映照在事物里，他又把一切反映他的形象的事物认作美的。

因此，尼采说“只有人是美的”，并认为这是所有美学的第一真理。而第二真理便是“没有什么比衰退的人更丑的了”。

力量的感受、强力意志、勇气、自负——伴随着丑陋的出现，这些都变得低下。丑陋的东西让我们的生命力变得衰弱，所有跟衰退相关的事物，在我们眼里都是丑陋的。每种枯竭、笨重、衰老、疲惫的征兆，每种身不由己，不论痉挛或瘫痪，尤其是解体和腐烂的味道、颜色、形状等，面对这些，我们会下意识地认为它们是“丑陋的”，并心生厌恶。

这种情况下，人们厌恶的东西不是事物本身，而是“人的衰退”。衰退的人看到的一切都是丑陋的，而他眼中丑陋的世界又会反过来让他更加衰弱和压抑。也就是说，丑陋的东西让人联想起衰退、危险、无力，人们在其面前会丧失力量。

综上所述，在尼采看来，我们对于美的感情和我们从自身体会到的愉悦是分不开的。离开了强大而充沛的力量，“美”是不存在的。从这个视角出发，尼采批判所谓的“为了艺术的艺术”。

“为了艺术的艺术”主张除了“艺术”之外，艺术不应该有其他的目的，尤其反对艺术从属于道德。对于反对艺术从属于传统道德这一点，尼采给予了肯定和接受，但他并不认为艺术没有任何目的。

相反，他认为艺术是生命的伟大兴奋剂，艺术给人带来力量，让生命更加澎湃。

尼采将“陶醉”分为日神式和酒神式两种，日神式的艺术主要是满足视觉的造型艺术，因此日神式的陶醉是让眼睛激动，于是眼睛获得了幻觉能力。关于这一点，尼采说："画家、雕塑家和史诗诗人是卓越的幻觉家。"

相反，酒神式的陶醉则是感情达到兴奋的高潮，并用一切表现方式将其表现出来。和周遭事物合为一体，对其进行表现、模仿和改变。酒神式的人可以体察到所有事物的情感，并与之融为一体，用更高的状态来体现它。

通常，悲剧艺术演绎了人生的残酷可怖，因此被认为是用来昭示人生的幻灭以及该如何逃避幻灭的。尤其是叔本华，他认为悲剧艺术的本质就在于此。根据他的理论，悲剧艺术的本质在于让人们感受和领悟到生命的悲惨，从而放弃生活的意志。

在这种情况下，艺术的目的就是熄灭生命意志的火花，让人厌恶生活，对生活彻底绝望。

但是，尼采却认为叔本华的这种见解是"厌世主义者的观点，邪恶的视角"。叔本华认为希腊悲剧是证明希腊人厌世主义的最关键证据，尼采却觉得希腊悲剧是对厌世主义最直接的对抗。人们将人生塑造得更加充实，给人以力量，让人们即使面对悲惨现状，也对人生予以肯定。尼采认为这是包括悲剧艺术在内的所有艺术的目的。

尼采认为“悲剧艺术家所传达给我们、试图让我们置身其间的，正是面对可怕可疑的事物依然无所畏惧的高尚姿态”。他说悲剧是“直面强敌、巨大的灾难、令人颤栗的苦难时的勇气和沉着——即充满胜利感的状态”。

悲剧英雄从不逃避苦难和痛楚，他们充满力量，反而会主动寻找苦难和痛楚，永不屈服，坦然接受坎坷多舛的人生。悲剧颂扬这样的人，并力图将观众带入这种充满力量的状态当中。对于这样的人来说，苦难和痛楚同时也是让生命变得更加充实的兴奋剂。尼采在其处女作《悲剧的诞生》中说，他之所以想最大限度地凸显悲剧精神，也正是因为这个原因。

悲剧并不是古希腊人陷入叔本华式的厌世主义的证明，却最明确地反证了他们对于厌世主义的抵抗。甚至在生命最陌生、最艰难的问题上肯定生命。生命意志在其最高类型（悲剧的英雄）的牺牲中为自身的不可穷尽性而欢欣鼓舞，那就是我所谓的酒神精神，是能通达悲剧诗人的心理学的桥梁。

悲剧不是为了摆脱恐惧和同情，不是为了用激烈迸发来摆脱危险的冲动——这是亚里士多德的误解；悲剧是为了越过恐惧和同情，成为生成本身的永恒欢乐——这种欢乐本身也就包含着对毁灭的欢乐。

我早早回到了出发点。《悲剧的诞生》是我对于一切价值的最初重估。与此同时，我重新将根植入孕育了我的意志和才华的土地。

尼采认为艺术和科学一样，也是一种虚构。科学为我们提供了有益于生活的信息，却不能让我们的人生变得更有意义或者更充实。尽管宗教为人们指明了生命的意义和方向，让生命更加丰满，尼采却认为，在当今科学的攻势下，宗教已经变得越来越无力，在这种情况下，只有艺术能让我们的生命更加充实和澎湃。他指出，要想不让人生陷落，艺术是不可或缺的。

在尼采看来，即使我们不能成为创造艺术品的艺术家，也应该成为生活的艺术家。所谓生活的艺术家，就是时时陶醉于澎湃激昂的情绪，感受美好而充实的生活和世界。同时，他认为创造艺术品的人要想成为真正的艺术家，也必须先成为生活的艺术家。

尼采一直在思考一个问题——在神明已经被科学杀死的世界上，人该怎样肯定自己的人生？他致力于在艺术中寻找肯定人生的道路，并认为最重要的是每个人都应该以艺术家的精神来生活。

第八个问题

“死单单是一件可怕的事情吗”

死亡是人生的
顶峰而非终点

因为死亡这个确定的未来，
生命才甘醇、芬芳和轻盈。

死亡是让人成熟的最好契机

生活中是否存在从来没想过自杀的人呢？尤其是在 OECD 国家中保持着最高自杀率的韩国，从未有过自杀念头的人恐怕寥寥可数。想死的原因多种多样，我在高中三年期间，因为觉得人生虚无而一直被自杀的念头折磨，而其他的人之所以有轻生的打算，或许有的因为生意失败，有的因为失恋或者病痛。

尽管很多人都觉得自杀是种罪过，对于自杀持否定态度，但尼采的看法却不尽相同。他认为，根据情况的不同，有时候自杀反而是人类所能取得的最大胜利。他认为自杀并非对生活的否定，而是最高的肯定。因为高尚的自杀会引发人们的崇敬之心，而尼采所说的“高尚的自杀”是下面这样的：

> 当不再能骄傲地活着时，就骄傲地死去。自愿选择的死，适时的死，心境澄明而愉悦，执行于孩童和见证之中，因而能在辞别者还在场的情形下作一个真正的告别，同时也对成就和意愿作一个真正的估价，对生命作一个总结。

如今，我的知天命之年也已经过了大半，开始恐惧衰老。当我老到行动不便的时候，儿女会照顾我吗？或者我会在老人院，每天在对根本不会来看我的儿女的盼望中孤独终老？每当想到这些，我就会下意识地觉得自己处境凄凉。

达尔文和叔本华等人都认为原始的生存冲动是人类的最大冲动，即人类极度渴望延长生命。但是尼采却认为，除了生存冲动，人类还有强化和提升自己的冲动。尼采称这种冲动为“强力意志”，这种意志伴随着对困难阻碍的克服而逐渐增强。

死亡是让我们产生最强抗拒感的对象，一想到死亡，无论谁都会恐惧，奋力挣扎。但是，只要带着清醒的意识，坦然接受死亡，我们就能克服它，并体会到自身力量的增强。

对于意志强大的人来说，死亡和生存过程中所遇到的困难一样，都是让自己成熟和强大的契机。他们将所有困难和挫折都当成促使自己更加成熟的机会，享受自己泰然接受挑战的强大，对他们来说，死亡也是这样的一种机会。在这个过程中，我们可以体会到人类的伟大和强大力量。

从这个意义上来说，病弱或者衰老之后，事事要依赖别人的生活就是对自己、生命乃至人类的一种侮辱。因此，尼采认为，当我们老到行动不便，要完全依赖别人才能生活的时候，与其依靠医术和药物来延命，倒不如选择自杀。

当某人以清醒的意志回顾并肯定自己的一生，感激所有帮助过自己的人，在周围人的见证下以愉悦的心态自愿结束自己的生命时，人们不会为他的死而难过，只会尊敬和赞叹于他的伟大。

相反，那些嗟叹于自己的一生，带着遗恨走向死亡的人只会引发我们的怜悯、同情和哀伤。坦然而自信的自杀让活着的人感受到人类的伟大，而因在生活中感到挫败和绝望而选择的自杀则会让我们见识到人类的渺小和卑微，我们只会因此而备感凄楚。

尼采所说的伟大的自杀者之所以选择自杀，并非在生活中遭受挫折，而是为了将自己的人生做大限度的升华。他们不愿意让自己的人生看起来丑陋卑劣而选择自杀，因此在自杀的瞬间，他们仍然是泰然的。他们不会央求医生帮他们活得更久，也不会哀求神明保佑他们死后上天堂。他们才是最独立和自由的人。

海伦·聂尔宁的自传《美好人生的挚爱与告别》中，描述了百岁的丈夫通过绝食来选择死亡的情景。

> 斯科特离世前的一个半月，也就是他即将过百岁诞辰的一个月前，他对在座的一些朋友宣布："我想我不再吃东西了。"从那一刻开始，他真正绝食，只喝饮料。他有计划地选择了告别美好人生的时间与方式，这样做是为了从容而庄严地离开。他要通过绝食来摆脱自己的肉体。绝食而死，并不是狂暴极端的自杀方式，它是一种缓

慢而柔和的精力消减，是一种心平气和的自愿告别办法。他很喜欢罗伯特·路易斯·史蒂文森的一句话："幸福活过，亦要幸福地死去，我用自己的意志放弃自己。"如今他终于将其付诸实践，他主动放弃了肉体生命，用自己的方式为死亡做着准备。

我了解很多动物所选择的死亡方式，它们会到一个不为人知的地方，不再进食，逐渐死亡。于是，我也坦然接受了斯科特的选择。一个月当中，我将任何他可以吞咽的东西都做成果汁喂给他喝，比如苹果、橘子、香蕉、葡萄等等。后来，他说他只想喝水。即便这样，他并未生病，可以很清醒地谈天。他身体中的水分逐渐消失殆尽，肉体枯萎，可以安详而平和地离开世界了。（省略）他终于说了句"好……"然后便离去了，如同一切顺其自然。我感到肉眼可见的东西去到了一个不

为我们所见的地方。

读到这个部分，没有人不为之感动。可以说，这样的死亡不是生命的终结，而是生命的高潮。一生历练的意志终于在死亡面前达到了最高的顶峰。

怜悯让人
变得软弱

我们所接触到的自杀绝大部分都呈现挫败的形式，而非胜利。不堪人生苦痛，觉得既然活得如此痛苦，倒不如死了更好，也就是以死来逃避现实。这不是克服死亡，这种自杀也称不上勇气，而是无法战胜生活苦难的懦弱和卑微的表现。

如同前面所说，对于那些保持清醒的意志，为了捍卫自己的尊严而选择死亡的人，我会为之赞叹，而非悲伤怜悯。而对于那些生活挫败者的死亡，我们之所以感到哀伤，并不是因为他们选择了自杀，而是因为他们的自杀是种挫败，而非胜利。我们为他们在自杀的瞬间所感觉到的无限绝望而惋惜和悲伤。

韩国是世界上自杀率最高的国家，就在这一刻，依然有很多人选择结束自己的生命。那么在他们当中，会有几个人值得尼采称颂呢？估计其中绝大多数人所选择的自杀都不是人生的最高升华，而是对于生命的诅咒和嗟叹。

学生们因为忍受不了考试不利和对未来的不安，成年人因为债务缠身或者伴侣的出轨而选择自杀。对他们来说，人生如同耻辱而绝望的地狱，他们唾弃人生，选择了死亡。死亡于他们而言，是摆脱苦不堪言的人生的最后出口。

对于这些因为不堪忍受人生苦痛而选择死亡的人，

我们会心生怜悯。但是尼采却批判怜悯，这并非因为他冷酷无情，而是因为怜悯不会让人成长，只会让人变得更加软弱。

当我们对某人投去怜悯的目光时，意味着我们觉得他可怜。而这同时也意味着我们觉得他是个软弱无力的人。这会加剧被怜悯的那个人所感受到的无力感，他会毫不抗拒地接受别人的怜悯，同时认为不论谁遇到他的这种处境，都会像他一样挫败，于是也就心安理得地接受挫败。

怜悯还会让我们觉得，如果我们遇到类似他那样的处境，也会变得和他一样。陷入怜悯当中之后，我们会在不知不觉间将自己等同于挫败的人。可尼采却说："人类因为级距的激情而发展。"

所谓"级距的激情"，指的是变成比原来的自己和其他人更加优越的人，从而拉大自己和过去的自己及其他卑劣人群之间的距离。尼采认为这种激情才是促使人

发展进步的动力。可是怜悯却阻碍着这种级距的激情，让我们无法自我鞭策，让自己变得更加强大和优越。

当我们认为某个人即使身处困境也一定会从容地克服困难时，我们不会对他产生怜悯，反而会期待和好奇他会怎样克服困境。

因此，尼采认为，当人们陷入困境的时候，他们需要的不是怜悯，而是鞭策。相比于对他们说“真可怜”，反倒是“这有什么难的，你完全可以靠自己走出来”这句话才是对他们更高的评价。

因此，对于身处困境的人，我们不该怜悯他们，而应该鞭策他们依靠自己的力量重新站起来。

选择自由
而自愿的死亡

包括基督教在内，几乎所有宗教都禁止自杀，将放弃生命视为一宗罪过。在这些宗教中，并没有伟大的自杀和卑劣的自杀之分。

但是，尼采认为，如同人生有高尚和不高尚之分一样，自杀也有伟大和卑劣之分。同时，因为宗教认为自杀是罪过，这也助长了人们想方设法延命的卑劣。

老人和死亡——如果忽略宗教的规定，那么我们可以问这样一个问题。当老人感知到自己的力量逐渐衰退的时候，束手无策的等待怎会比有尊严的放弃更光荣？这种情况下（感知到自己的力量逐渐衰退的时候），自杀是种顺理成章的选择。作为理性的胜利，自杀会让人们尊重。

在希腊哲学家和罗马的爱国者们都选择自杀的时代，自杀确实是让人尊重的。而相反，已经没有力量去接近生命的本来目的，却要通过医生和最痛苦的生活方式来延续生命的病态欲望并不值得尊重。宗教提供了丰富的禁止自杀的理由，以此来奉承那些偏执于生命的人们。

尼采所说的“自然死亡”指的并不是自然而然的死亡，而是相对于那些千方百计延续生命的卑劣选择的“非自然死亡”，也就是自杀。

人类是种随时可以做出选择的存在，所谓自然死亡，也不过是将自己的死期延迟到死亡来临的瞬间而已。这也是一种选择。从这个意义上来说，尼采认为，除了自己，谁都无法让我们死亡。

对于要靠给别人增添麻烦来等待死亡的做法，尼采认为“那是最可蔑视的条件下的死，一种不自由的死，一种不适时的死，一种懦夫的死”。热爱生命的人应该希求另一种死。自由，清醒，并非偶然，并非猝不及防。

基督教要求垂死的人忏悔其一生所犯下的罪过。胁迫说如果主接受他们的忏悔，他们就可以进天堂，反之则会堕入地狱。对于这一点，尼采认为基督教在人们临死的瞬间仍然在凌辱人们的良心。因为当人们屈服于基督教的威胁，因为担心下地狱而忏悔自己一生的罪过时，就已经自甘堕落成最卑劣的人了。

对于尼采来说，人不分有罪无罪，只分强壮和病弱。

因此，当人们面对死亡的时候，他不需要人们忏悔，只要求人们泰然接受死亡，将自己的意志力升华到顶峰。以他的标准来看，那些因为怨恨而选择自杀的人都是软弱的，不足以承担生活的重担。他们的自杀并不自由，而是自暴自弃。

第九个问题

“怎样才能成为我自己”

绽放你自己的花朵

我们就像陈列繁多的货架，
为了让他人归属于我们，
我们不断调整着自己的外在，
时而掩饰，时而展露——为了隐藏自己。

打造你
自己的个性

尼采主张“成为你自己”，这句话和他的“爱命运”思想一脉相通。换言之，这句话可以解释为升华我们的命运。

我们的一切都是天生的，比如智商、脾气秉性，甚至连我们出身的环境也不由我们选择。从我们出生的那一刻起，这些就伴随着我们。父母、兄弟姐妹、祖国等等，没有一样是我们自己选择的。

每个人的命运各不相同，智商、性格也因人而异。尽管父母们觉得自己对所有孩子都一视同仁，但其实他们对于每个孩子的态度各不相同。就算父母同等对待每个孩子，因为每个孩子天生的性格不同，对于父母态度的理解也不相同。

传统哲学很少考虑这种个人差异，尤其是人与人之间的性格差异，根本不被当作哲学问题来探讨。在探讨人性方面，最早关注到人们性格差异的哲学家是叔本华。他认为每个人的性格不由个人选择，而是在我们出生的时候就赋予我们的。

在这一点上，叔本华和萨特等存在主义者有着本质上的区别。萨特主张“存在先于本质”，认为人的本质可以靠自己形成。

萨特是彻底的无神论者，他认为如果有神明存在的话，神会根据自己的意愿来创造人类，指定每个人的性格，以及人生道路等等。但因为世上并不存在神明，所以人类是绝对自由的，可以自由塑造自身。

叔本华认为萨特的这种见解如同不谙世事的少年一样，对人类现实的认识过于肤浅。虽然叔本华并不认为这个世界是神创造的，但他认为我们所处这个世界的所有个体都源于同一个宇宙意志。

举例来说明他的观点，包括人类在内的所有个体都不过是浩瀚海洋里的水泡或水滴。我们感受到这些水泡和水滴，以为世界是由它们组成的，可存在于水滴下的这个巨大的海洋才是现实。

叔本华认为，每个人都是这个海洋般浩瀚的宇宙意志所决定的水滴。水滴无法自行决定呈现怎样的形态、如何形成又如何消失，因为这些都已经由宇宙意志事先决定了。

因此，叔本华否定人类的自由意志。换言之，人类只能按照天生的性格来行事。我们以为自己的思想和行为都是自由的，并因此而沾沾自喜，其实我们的言行都由我们的性格决定，只是我们没有意识到而已。从这个角度来说，叔本华甚至认为，只要了解一个人的性格和动机，就可以预想到他将会做出怎样的举动。

比如，彻底饿上三天之后，性格强硬粗暴的人会选择去抢，而缺乏自尊心依赖性强的人则会去乞讨。

尼采也和叔本华一样，否定人的自由意志。前面已经提过，尼采甚至将自由意志哲学斥为“判罪哲学”。但是他并不认为众多的个体所形成的世界源自于一个巨大的统一意志，即自在之物的存在，也不认为各个个体如同水滴般受制于统一意志。

尼采否认自在之物，主张世界是由数不胜数的个别强力意志组成，而这些强力意志并非具有不受限制的自由。

尼采认为，强力意志的性格在很大程度上已经被指定了。如同狮子生而为狮子，羊生而为羊一样，人类生来也有着各自不同的性格。但在他看来，人类并非从本质上就是不自由的，即人的个性并不是不能改变的。

我们可以了解自己的脾气秉性，并且在不违背它的情况下，自由地对其进行升华，这是尼采所承认的。他要求我们赋予自己的个性和素质以独特的风格。

如同我们的性格生来不同一样，我们所要面临的状况也不是任由我们选择的。这些状况是无数的强力意志相互碰撞、相互作用所导致的。因此，绝大部分不期而至的状况都是命运安排，我们无法左右。但我们可以将这样的命运转变为升华自己性格的契机。

你是否甘愿做受制于他人眼光的奴隶？

尼采认为，传统的西方哲学和宗教试图将所有人改造得千篇一律。他称基督教为“民众的柏拉图主义”，因为基督教如同柏拉图一样，将世界分为此岸和彼岸，将此岸当成假象世界，将彼岸看作真实世界，并将这种思想用神话方式进行了改进。

换言之，以基督教为代表的柏拉图式二元论哲学都力图让人们彻底否定自己的自然欲望，成为禁欲主义者。在尼采看来，这种忽略个人的多样性，试图将人类改造得千篇一律的做法是极其天真的。

最后，让我们再思量一下，说“人应当是如此这般的”这种话有多么天真。现实向我们显示了令人愉快的丰富类型，过度挥霍的形式游戏和形式变化，而某位可怜的囿于一孔之见的道德家却说：“不！人应该是别种样子的。”……他甚至知道人应该是怎样的，这个可怜虫和伪君子，他在墙上画了幅自画像，说道：“看这个人！”然而，即使道德家只是向着某一个人说：“你应当是如此这般的！”他也依然把自己弄得很可笑。个人是命运的一个片断，承前启后，对于一切既来和将来的事物是一个法则，一个必然性。对他说“改变你自己”

就意味着要求一切事物都改变，甚至是朝后改变。

从这个意义上来说，尼采认为柏拉图主义和基督教的二元论道德迫使人们把自己放进一个统一的框架里，给人们带来了巨大的危害。当无法适应这个框架时，人们就会觉得自己是罪恶的，被负罪感所折磨。

道德倘若不是从生命的利益出发，而是从本身出发进行谴责，它便是一种特别的谬误，对之不必同情，便是一种蜕化的特性，已酿成无穷的祸害！

这种试图将所有人放进统一框架，将无法适应这个框架的人斥为有罪的现象并非只存在于二元论宗教和哲学所支配的地方。朝鲜时代也用儒教这个框架来约束所有人，直至今天，依然有很多条框试图将人们禁锢其间。

在学校，所有孩子都被要求成为成绩优异的学生。社会生活也是如此，各领域都以工作成果来对人进行评价。尼采则认为我们应该学会理解人的多样性，并积极对其加以利用。

> 我们另一种人，我们非道德主义者，相反为一切种类的理解、领悟、准许敞开了我们的心灵。我们不轻易否定，我们引以为荣的是做肯定者。我们愈来愈欣赏那种经济学，它需要并且善于利用被教士的神圣愚昧和病态理性所抛弃的一切。

尼采将培育人的方式分为驯服和引导两种。驯服是指强迫对方去适应某个条框，这种方式只会让人病弱畏缩。与之相反的是引导，即积极促进每个人的天生素质和个性发展。

当今韩国社会对于青少年的驯服欲望尤其强烈，希望他们按照固定的方向发展。从幼儿园开始，就要求孩子们接受英语和学前教育，试图将孩子们打造成学习机器。

社会和父母对孩子的这种驯服方式，引发了很多扭曲病态的事例。很多青少年感受不到生活的乐趣，产生厌世情绪，或者缺乏自信，感觉自己无法满足父母对自己的期望，被负罪感和挫败感折磨，认为自己一无是处。

尼采说“成为你自己”。

我们应该认真思索自己的性格和所处环境，并努力对其进行积极的升华。而要想实现自己，最重要的是捍卫自己的主体性，不去顾及别人的眼光。因为我们总是在不知不觉之间去考虑别人的看法和评价，担心别人蔑视自己。

尼采认为，我们之所以如此在乎别人的评价，源于存在于我们身上的奴隶本性。在古代奴隶制社会，奴隶不能作为主体来评价自己。因为只有主人才有权力评价他们。奴隶们随着主人对他们的称赞或者责骂而或喜或悲。如果我们过于在意别人的看法和评价，就等于将自身下降到奴隶的地位。

倦怠是生活
亟待改变的信号

尼采认为，要想做我们自己，就必须倾听自己内心的声音。因为让我们更加强大的强力意志存在于我们的内心，必须倾听它所发出的声音。

尼采在25岁的时候就当上了古典语言学教授，他本可以终身从事这份职业，享受安逸的生活。但他却选择了哲学。他认为古典语言学只埋头于解释古典文献，并不是一门有创造性的学问，因此，他才投身于哲学，想创造新的价值。

在十年的教职生活中，他一直有这个打算，但最终让他将其付诸实践的契机却是病痛。

在尼采看来病痛并不是偶然的，而是他内在的自我针对他过去所走的弯路所做出的健康反应。他说：

> 我心中的烦躁情绪侵袭着我。我意识到，这是该我反省的时候了。我恍然醒悟，大惊失色，多少时光已经白白逝去了——我的语言学家生涯同我的天赋相比，显得多么微不足道，多么自作主张啊！对这种虚伪的谦恭，我感到无地自容。十年过去了，精神的营养在我身上已经完全陷于停顿。这时，那种从我父亲那里来的害人的遗传性，根本说来即注定早死的遗传性，以令我赞不绝口的方式及时地帮了我的大忙。

尼采认为，我们的意识当中存在着真正的自我，这就是他所说的强力意志。

我们内部存在着不断要求我们强化的意志，当我们满足于安逸的生活时，这种意志就会让我们生病，或者让我们厌倦自己的生活状态，陷入空虚，以此来作为转换生活方式的信号。

对此，尼采论述如下：

> 感官 (sense) 和精神 (spirit) 是工具和玩物：它们后面还站着自己 (the self)，自己用感官的眼睛寻找，也用精神的耳朵聆听。自己总是在听、在找，它比较、支配、征服、破坏，它统治着，也是我 (ego) 的统治者。我的兄弟呀，在你的思想和感觉后面有一个强有力的主人，一个不知名的智者，它叫自己。

这里，我引用一首我高中时期非常喜欢的赫尔曼·黑塞的诗歌。我至今还清晰地记得，当时我把这首诗贴在书桌上，每天都要朗诵好几遍。

阶段

正如春芳会歇，
年华会凋，
生命的每个阶段，
每束智慧，每项德行，
也都只灿放一时，难逃兴衰隆替。
我们的心必须随时准备，
回应生命的呼唤，辞旧迎新，
抖擞精神，告别伤痛。
接受新的任务。
每一个起始都蕴藏着神奇，

呵护我们，助我们前行。

我们应该欣然穿堂越阶，
不依依眷念一室一隅。
世界精神不愿羁勒我们，
它要把我们逐级提升、开拓。
我们刚刚安于所遇，
暗生栈恋，心力就随之衰弛。
只有乐意迈步远行的人，
才能摆脱因循的积习。

甚至死神流连的时刻，
也可能以新的庭宇相招，
生命对我们的呼唤从不休止……
来吧，心儿，告别往昔，重焕康强！

黑塞在这首诗里所提到的“生命对我们的呼唤”，也可以将其看成尼采所说的强力意志。我们不该止步于生命的任何一个阶段，而应该在强力意志的指引下，欣然跨越该阶段。

下面用尼采的一段话来结束这一章吧！

“做个男人！不要追随我，而是去追随你自己，只有你自己！”我们的生命也应该拥有对于自身的权利！我们在自己自由、无所畏惧、纯真无邪的内部不断超越自己，绽放花朵。

第十个问题

“怎样才能突破自己”

不光要控制感情，还要控制身体

我们怎样才能重新发现自己呢？
年轻的灵魂应该重新回顾自己的人生，
问出下面这些问题：
迄今为止，什么是你真正爱过的？
什么提升了你的灵魂？

让弱点
也发射光芒

尼采主张“做自己”，同时又说要“突破自己”。乍看起来，这两句话似乎相互矛盾，但是“做自己”中所说的“自己”和“突破自己”中的“自己”是截然不同的。

前者的“自己”指的并不是社会所要求的那一类人，而是“对自己的性格和禀赋进行了升华的、真正的自我”。相反，“突破自己”中的“自己”指的则是迎合社会要求的、虚假的自己。也就是说，要想成为真正的自己，就必须要突破虚假的自己。

尼采主张我们发挥各自的个性，但另一方面，他又要求我们成为超人甚至高尚的人。发挥个性和成为超人、高尚的人，这二者之间乍看起来似乎也相互矛盾。

因为超人和高尚的人代表着人们普遍追求的理想化的、普遍的人性，而发挥个性则和普遍的人性相对，意味着崇尚独特的生活。

但是，尼采所说的“做自己”指的并不是按照自己与生俱来的性格来生活，而是为自己的人生赋予某种风格。他甚至说“赋予个性一种‘风格’，实在是伟大而稀有的艺术！”

为自己的性格赋予风格的人懂得分析自己的优点和缺点，并将其按照艺术计划来融通。尼采认为这是艺术的、理想化的，人应该不断打磨自己，直至弱点也散发出耀眼的光芒。

这些人会不懈地锻炼自己，为自己增添第二本性，灵活运用自己第一本性中的一部分，将自己的性格打造成一件艺术品。因此，“成为自己的人”指的是那些能够控制和支配自己，让自己朝着某个坚定的方向不断提升的人。

尼采称这种懂得控制和支配自己的人为超人或高尚的人。这些人将自身的弱点及自己所经历的苦难都升华成促进自身发展的契机。

尼采认为，只有这一类人才有能力命令和指挥其他人。这里所说的“命令和指挥其他人”指的并不是随心所欲的支配他人，而是帮助他们实现自我。

尼采指出，要想实现对他人的命令和指挥，就必须先懂得支配自己。这里所说的自己，指的是贪图安逸，缺乏自信、责任心的存在。但是，因为我们大部分的人都不是超人，而是崇尚安逸的末人，因此，要想突破自己，必须和自己斗争。

尼采对此论述如下：

> 我劝告你们不要和平，而要胜利。你们说，和平甚至使战争也变成神圣的事业？我劝你们说：只有战争才使一切事业变成神圣。（省略）去战斗吧！只求长久苟活的生命有什么价值？

很多人误以为尼采批判一切既有习惯和道德，一味主张释放本能和欲望，其实，尼采的真正主张是“伟大和充实是通过不懈的自我突破而形成的”。

他认为人真正渴求的并不是满足本能和原始欲望，而是有所成就，成为伟大的人，拥有充沛的力量。

> 奇特的事实依然是，一切具有自由、文雅、果敢和巧妙必然性的事物，不管是现在还是过去

> 存在的，无论是存在于思想本身中，还是存在于管理、说话、劝说中，或是存在于艺术中，或是行为中，都是凭借着这种专断规则的暴政才发展起来的。说实在的，这可能恰恰就是“自然”，恰恰就是“自然的”——而不是自由放任！

此外，尼采认为只有突破自己的人才是美的，而这种美并非天生，是后天获取的。

> 美非偶然。——即使一个种族或家族的美，他们全部风度的优雅和亲切，也是人工造就的，是世代努力积累的结果。人必须为美奉献巨大的牺牲，必须为之做许多事，也放弃许多事（17 世纪的法国在这两方面都令人赞叹），对于社交、住地、衣着、性满足必须有一个选择原则，必须爱美甚于爱利益、习惯、意见、懒散。最高原则：人

独处时也不能“马马虎虎”。

尼采这里所说的“美”指的是充满力量的优雅，如同端坐桌前的学者身上所散发出来的动人气息。

尼采在这里提到了类似于东方慎独精神的思想。所谓慎独，指的是即使独自一人时，也要严于律己，表里如一。因为当没人监督时，我们很难在思想和行为举止上严格要求自己。

先开导身体，然后才是思想和情感

尼采主张，要想突破自己，除了控制情感和思想，还要懂得管理自己的身体。不能因为疲惫就随意躺倒，而应该根据各种情况，采取与之适应的姿势。

仅仅训练感情和思想是无济于事的（德国教育的巨大误解就在于此，它全然是幻想的），人必须首先开导躯体，严格维持有意味的、精选的姿势，一种仅仅同不“马马虎虎”对待自己的人共处的约束力，对于变得有意味和精选是完全足够了。

决定民族和人类的事情是，文化要从正确的位置开始——不是从“灵魂”开始（这是教士和半教士的致命的迷信）：正确的位置是躯体、姿势、饮食、生理学，由之产生其余的东西。

尼采以凯撒大帝为例来论述养生法。凯撒为了预防头痛及其他疾病，长途行军、生活简朴、坚持住在户外并进行极其艰苦的操练。

尼采认为只有严格锻炼身体，灵魂才会变得更强，力量充沛。只有身体完全在我们的掌控之下，我们才能变成真正健康和有气度的人。

身心健康的人还能帮助其他人，使其更加健康。尼采说“所有好的都是本能”。只有拥有健康的本能，我们才能轻松畅快，行为举止也势必健康自由。

真正自由的举动是遵从本能欲求，自然轻松的。这时，人们会呐喊“我必须这样做”。因此，“自由行为”的真正意义并非康德所说的“遵从于道德义务的行为”，而是“和本能的必然性合而为一的行为”。

学习观察、思考、写作的方法

尼采认为，交友的选择对于能否成为高尚的人十分重要。也就是说，要选择有高尚气质的人来交往，避开卑劣之人。

他还进一步指出，要想成为高尚的人，必须学习观察、思想、说话及写作的方法。对于观察方法的学习，尼采解释为“赋予眼睛平等和忍耐的习惯”。

换句话说，要学习不急于下定论，从所有层面就所有情况进行审视的方法。要想做到这一点，面对刺激就不能立刻做出反应，而应该懂得克制，慎重做决定。

与此相反，卑劣的人却缺乏抵抗刺激的能力，因此，当遇到刺激的时候，在低劣的本能和冲动的驱使下，他们会立刻做出反应。从这个意义上讲，尼采认为很多所谓“不得不做出反应”的情况是病弱和衰退的征兆。但是，只要学会观察的方法，人们就不会草率行事，不妄信，接触到陌生新鲜的事物时，会保持淡定和警惕。

接下来，我们要学习的是思考和写作的方法。尼采主张要像学习舞蹈一样学习这两者。优秀舞者的舞姿是细腻而优雅的。尽管要用语言来一一描述那些肢体动作是不可能的，但我们在写作的时候，依然要尽量去体会和表现那种细腻的气息。

尼采曾经批判他那个时代的素质教育“不能改变人，只是简单地灌输知识”。他还引用歌德的话来表达自己的立场："我憎恶所有不能为我增添活力而只想教诲我的东西。"

尼采认为，要想学习希腊文化，不光要积累相关的知识，还要学习希腊人的一言一行，效仿他们的言行举止。只有这样，有关希腊文化的教育才拥有让人改变的力量。

放之于我们的实际生活，要想学习朝鲜时代的儒生文化，就要学习他们的言行举止，因为单单堆积一些有关儒生文化的散杂知识是毫无意义的。

后记

将你的船，
驶向浩瀚无涯的未知海域

在尼采看来，宇宙的所有事物是相互连接在一起的。因此，他认为自己所说的一切并非自言自语，而是针对他所属的某个共同体。

> 奇怪的是，我觉得我所说的事情并非只关乎我个人。换句话说，我无时无刻不感觉我的生活，

自我的形成，记录我的思想，是为了更多的人。
这些重要而亲切的话语，是对某个共同体而说的。

尼采所指的“共同体”，显而易见，这就是那些对试图将所有人都驯化为螺丝钉零部件的社会心生厌倦的人们，那些对使用各种苟且手段来获取利益的人所充斥的社会满怀憎恶的人们。我想，这篇文章的读者也应该是属于这个共同体的成员。

在尼采看来，伴随着当今社会的日益巨大，身处其间的个人却变得越来越萎缩。大部分的现代人成了社会机器顺畅运转所需要的零部件，被回报以相应的安逸和物质享受。人们变得越来越谨小慎微，期望自己的生活中永远不要遭遇任何不测。面对被这样的人所充斥的当今社会，尼采论述如下：

> 于是，大地变小了，使一切变小的末人，就在上面跳跃。

尼采认为，人们贪图安逸的倾向是生命力逐渐衰退的文明所呈现出来的征兆。尼采用洋溢着年轻的霸气和活力的希腊罗马文明来对比这种衰退的文明，具体论述如下：

> 中文有个俗语，做母亲的甚至用它教育孩子，这个俗语就是“小心”。从本质上说，这是现代文明的根本趋向。我确信，古希腊人也会首先注意到我们当今欧洲人自己使自己矮小——单单在这方面，我们就立即会使古希腊人感到反感。

如今，人们习惯性地将年轻一代称为“八十八万韩元一代”。这种说法立刻让人联想到每月只能赚取八十八万韩元工资的畏缩而自卑的年轻人。

社会将这些年轻人称为“八十八万韩元一代”并予以同情，但尼采却认为这种同情是对年轻人的蔑视，意味着他们只着眼于钱，只要工资多过八十八万韩元，就会非常满足。

如果换做尼采，他不会去同情这些年轻人，只会发出这样的呐喊：不要执着于金钱，拿出你的全部热情，去做你真正想做的事情。不论陷入怎样的困境，都将其当作促进自己成长的跳板来欣然接受。成为他所说的共同体中的一员，去改变这个世界。

感谢你由始至终读完了这本说短则短、说长则长的书。作为一个文字创作者，对于所有阅读我的作品的人，我都心存感激。

尽管一生饱受各种病痛折磨，尼采依然肯定并热爱自己的命运，并试图让更多的人拥有健康的人生，这就是我力图通过这本书来呈现的东西。对此，你是否有所感悟呢？

最后，我用尼采非常著名的一句话来作为这本书的结束——

凡不能毁灭我的，必使我更强大。